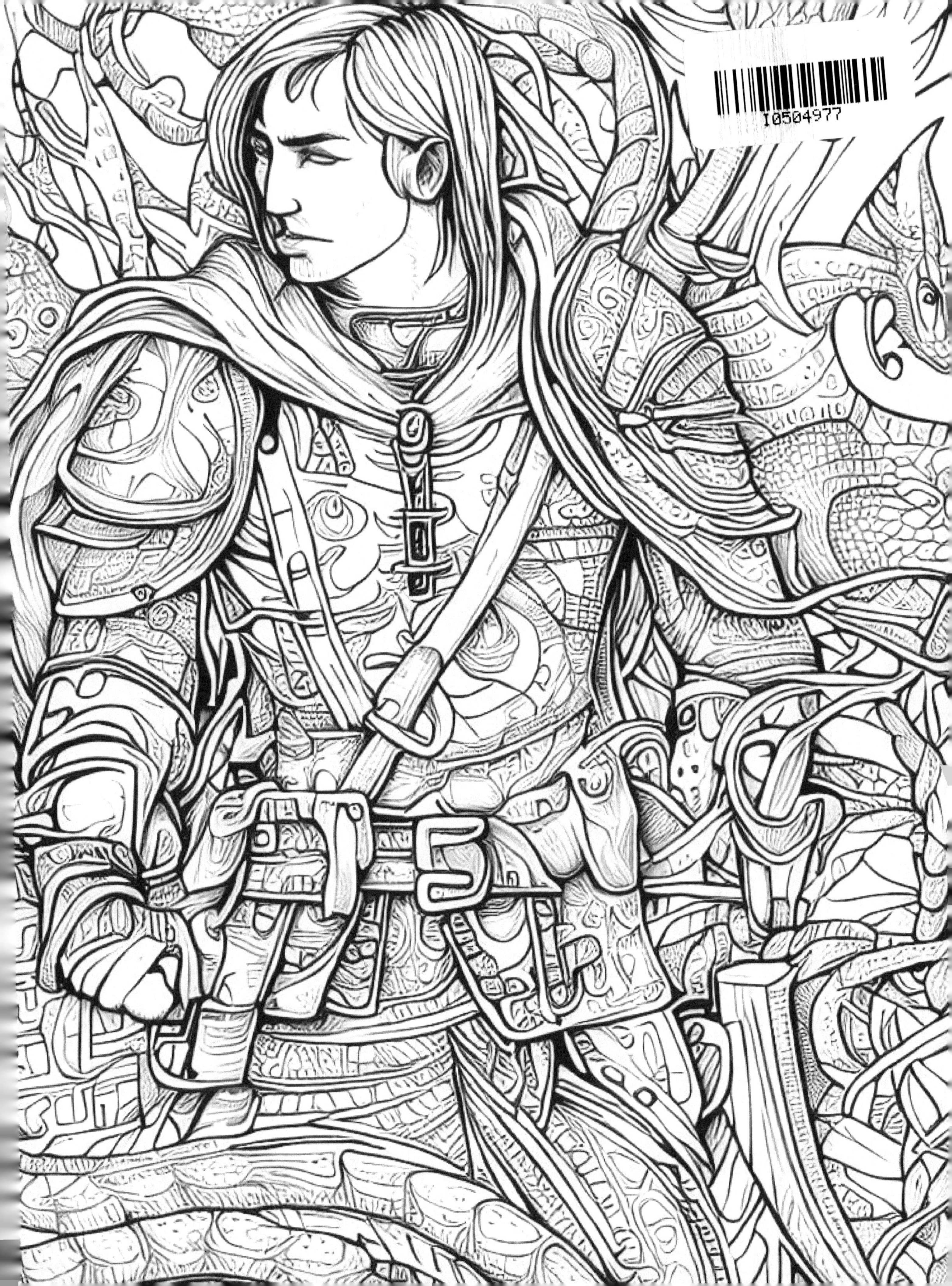

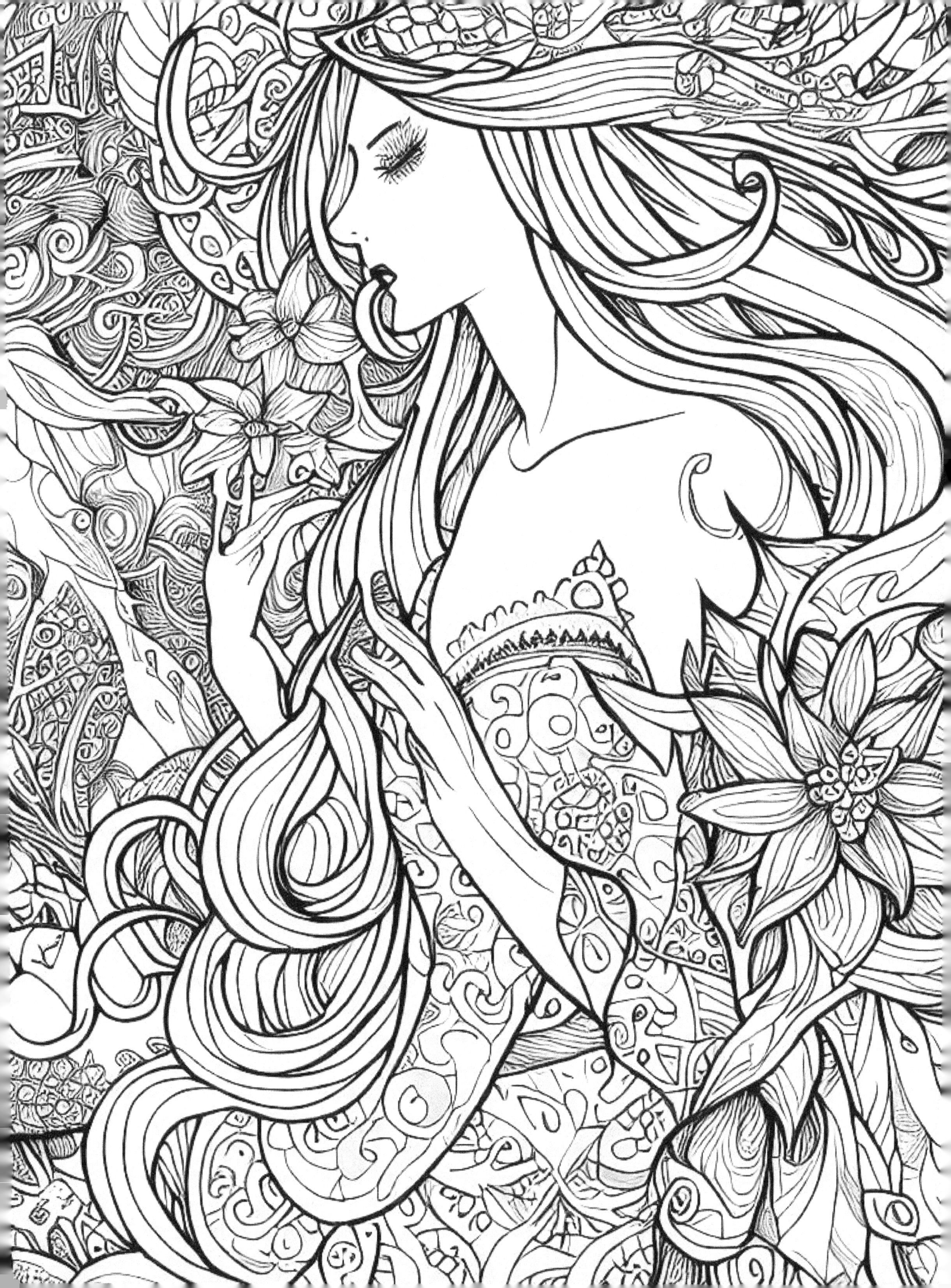

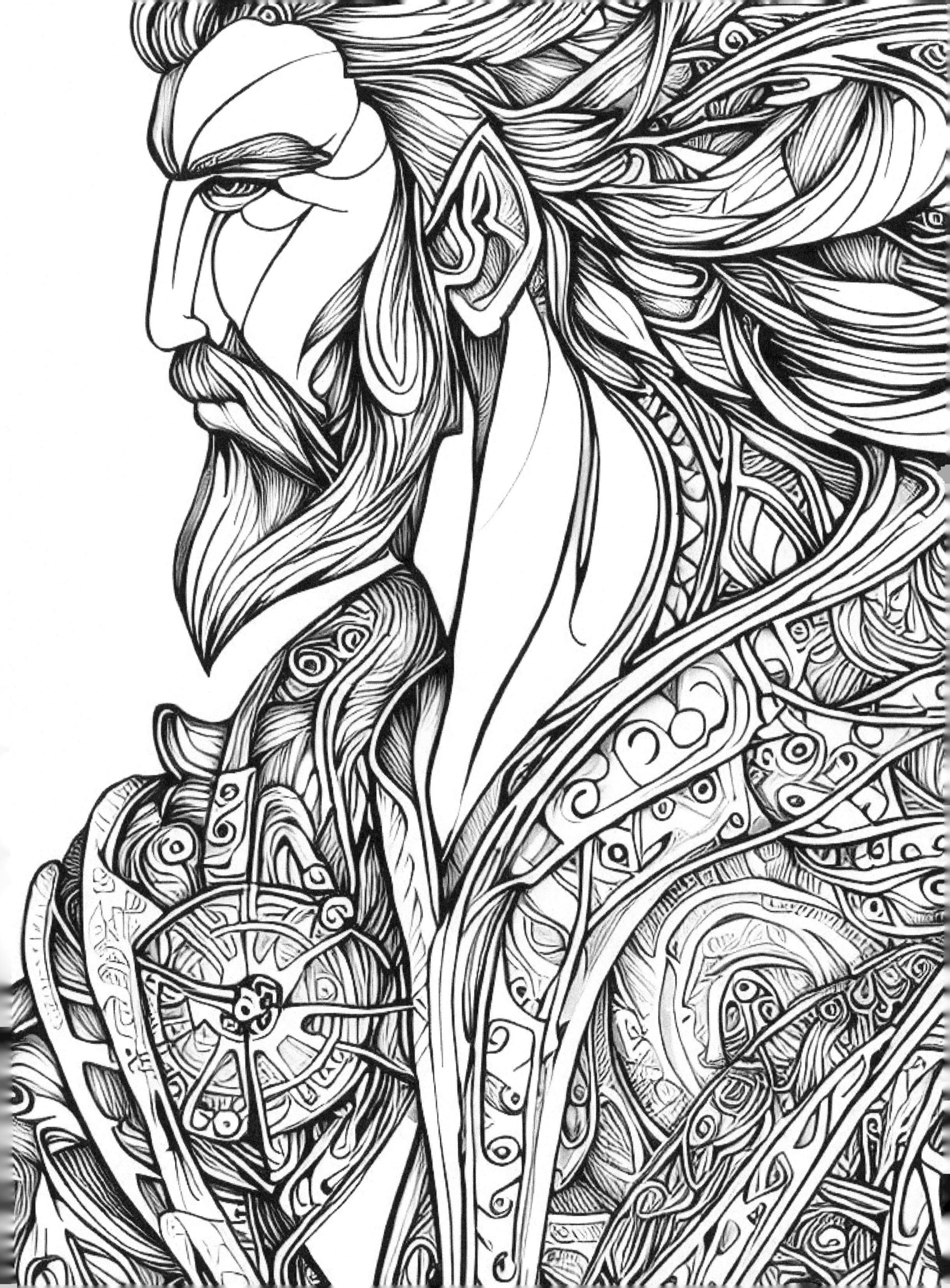

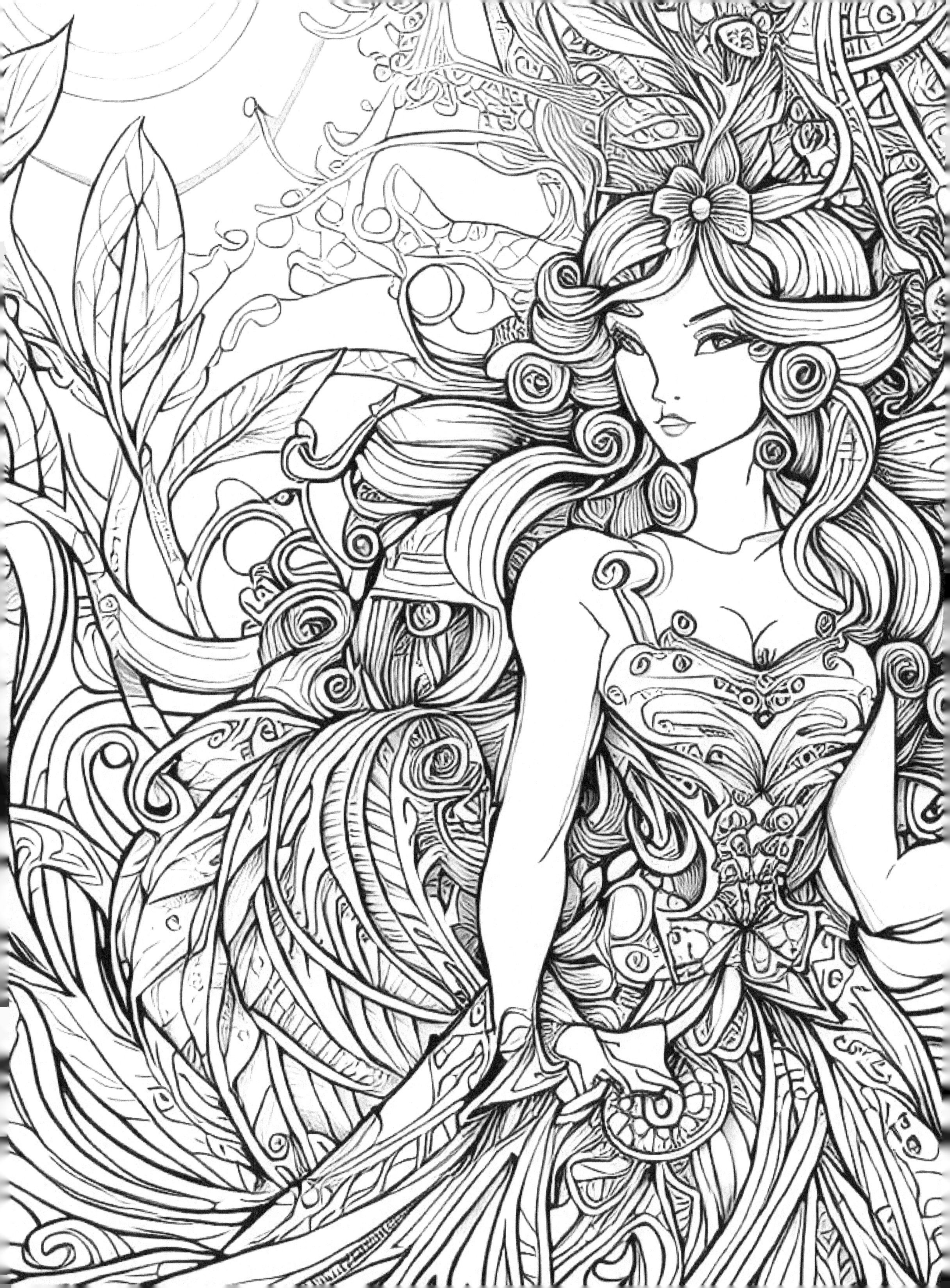

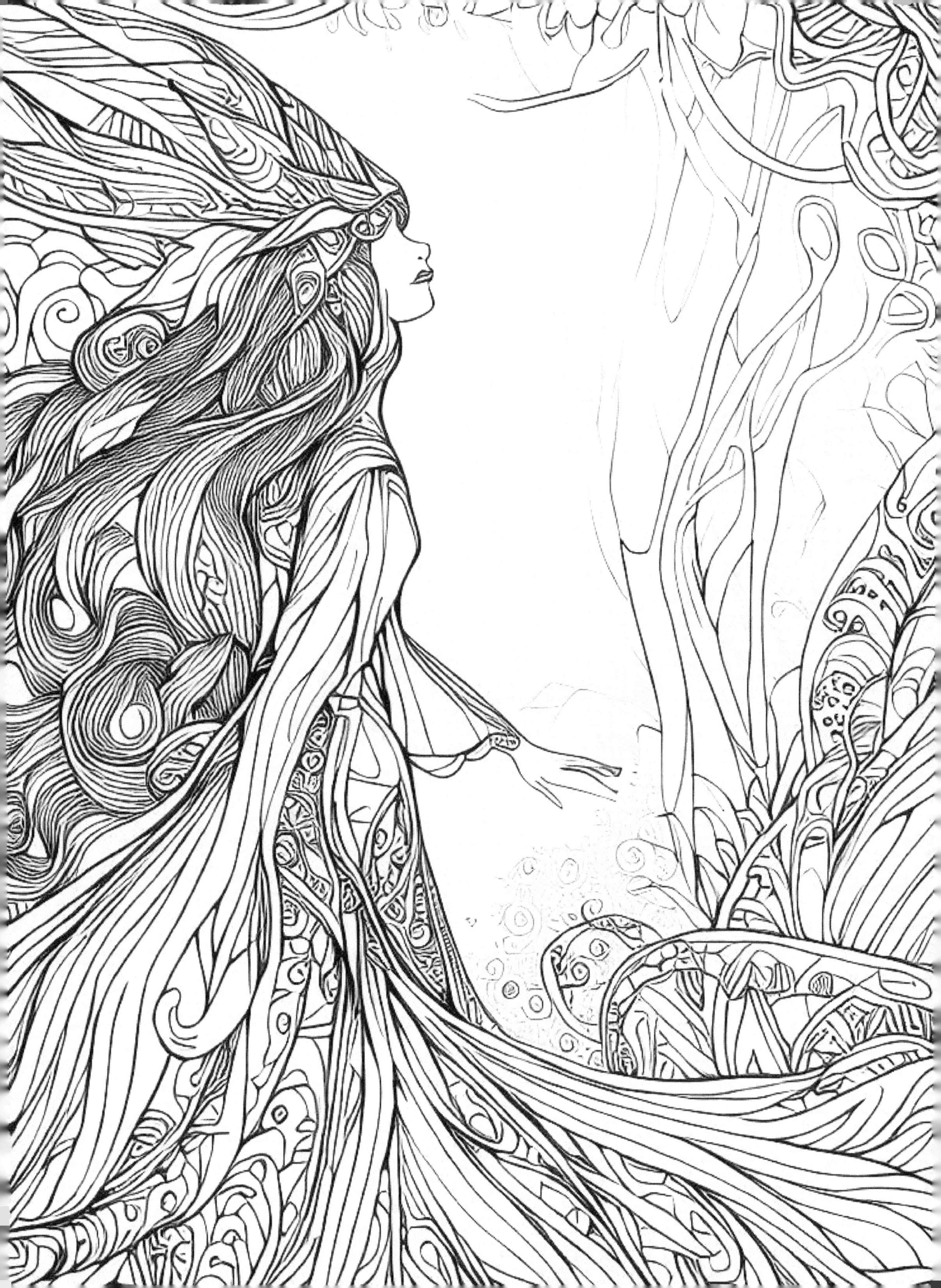

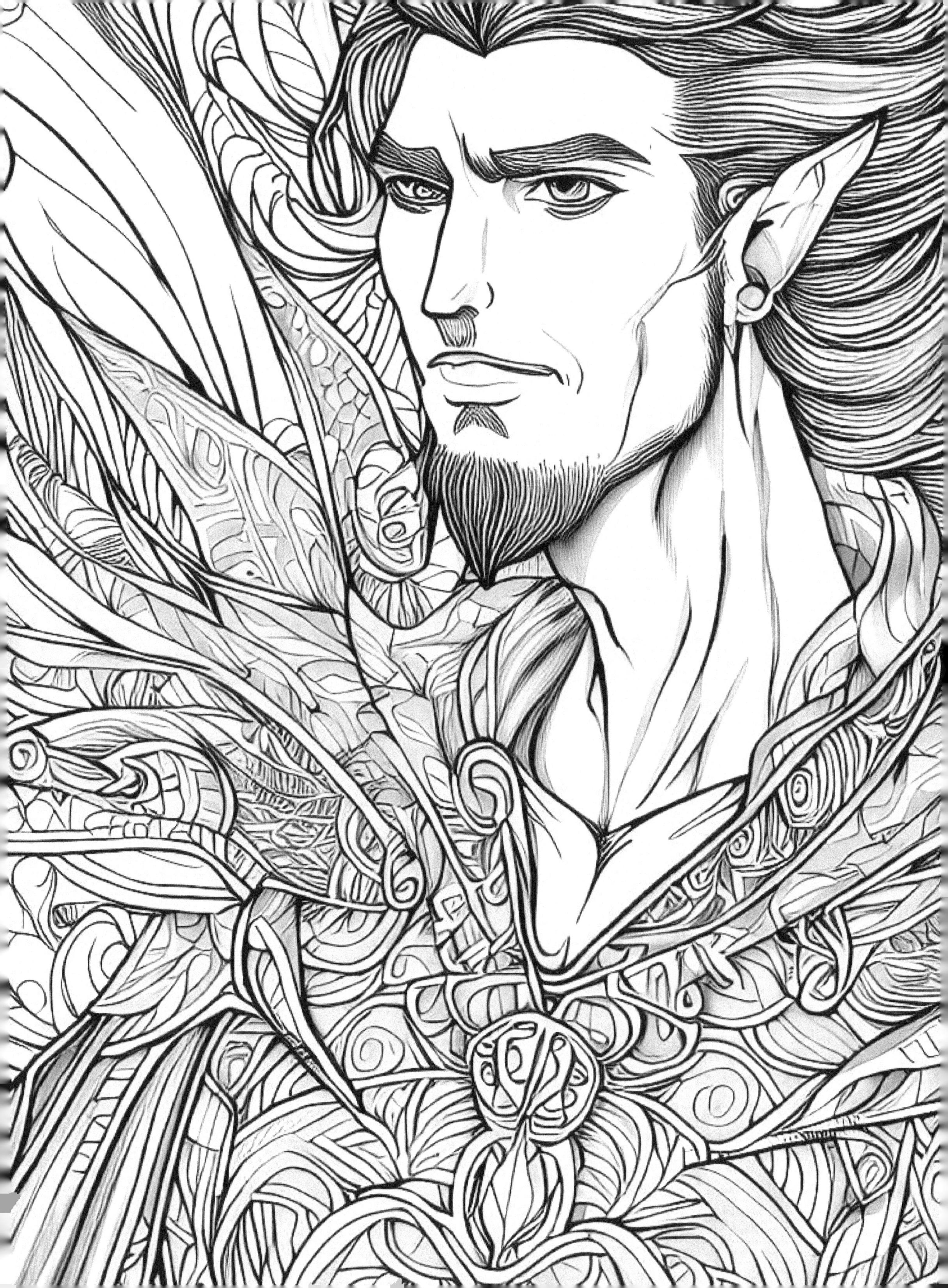

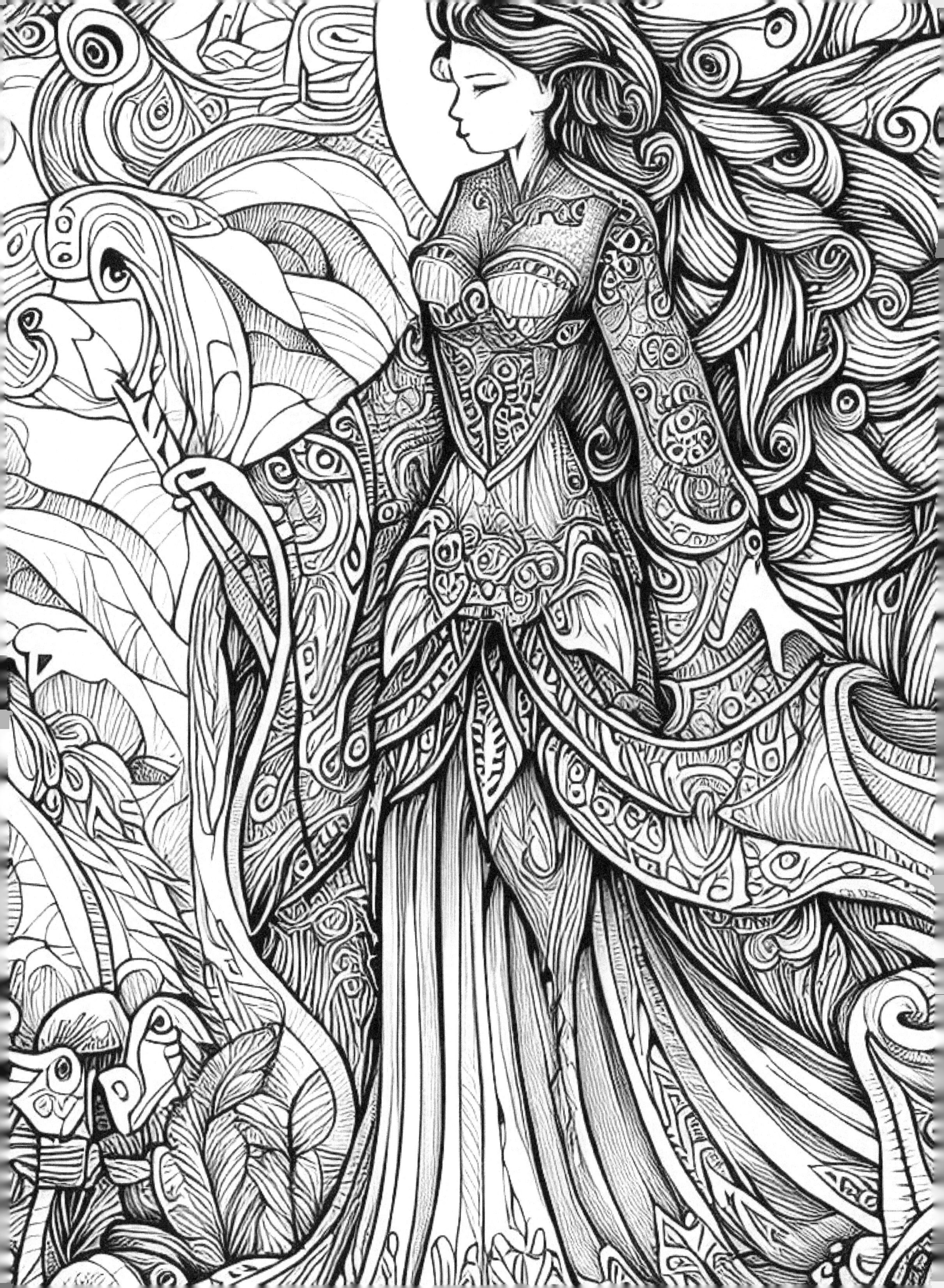

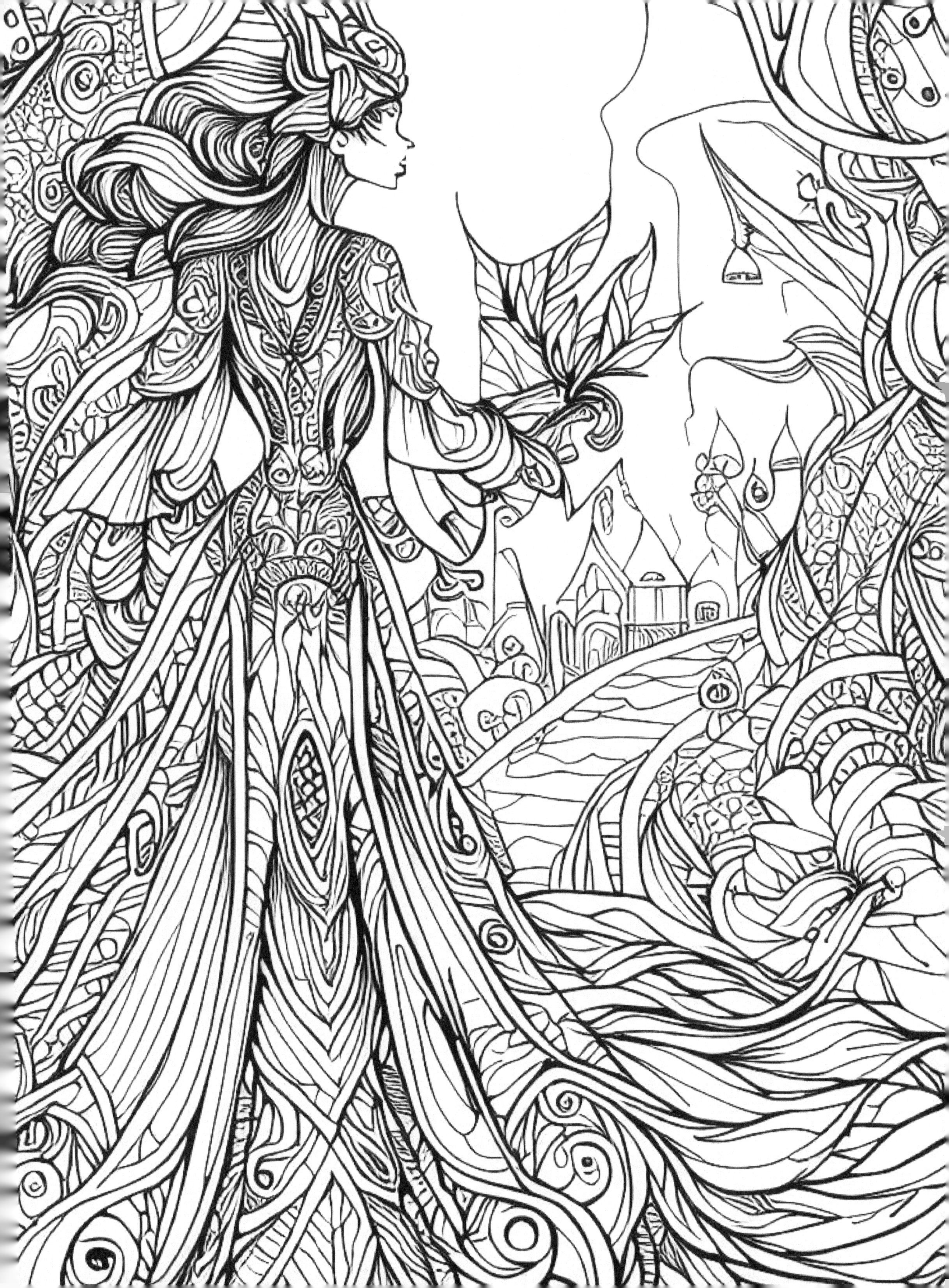

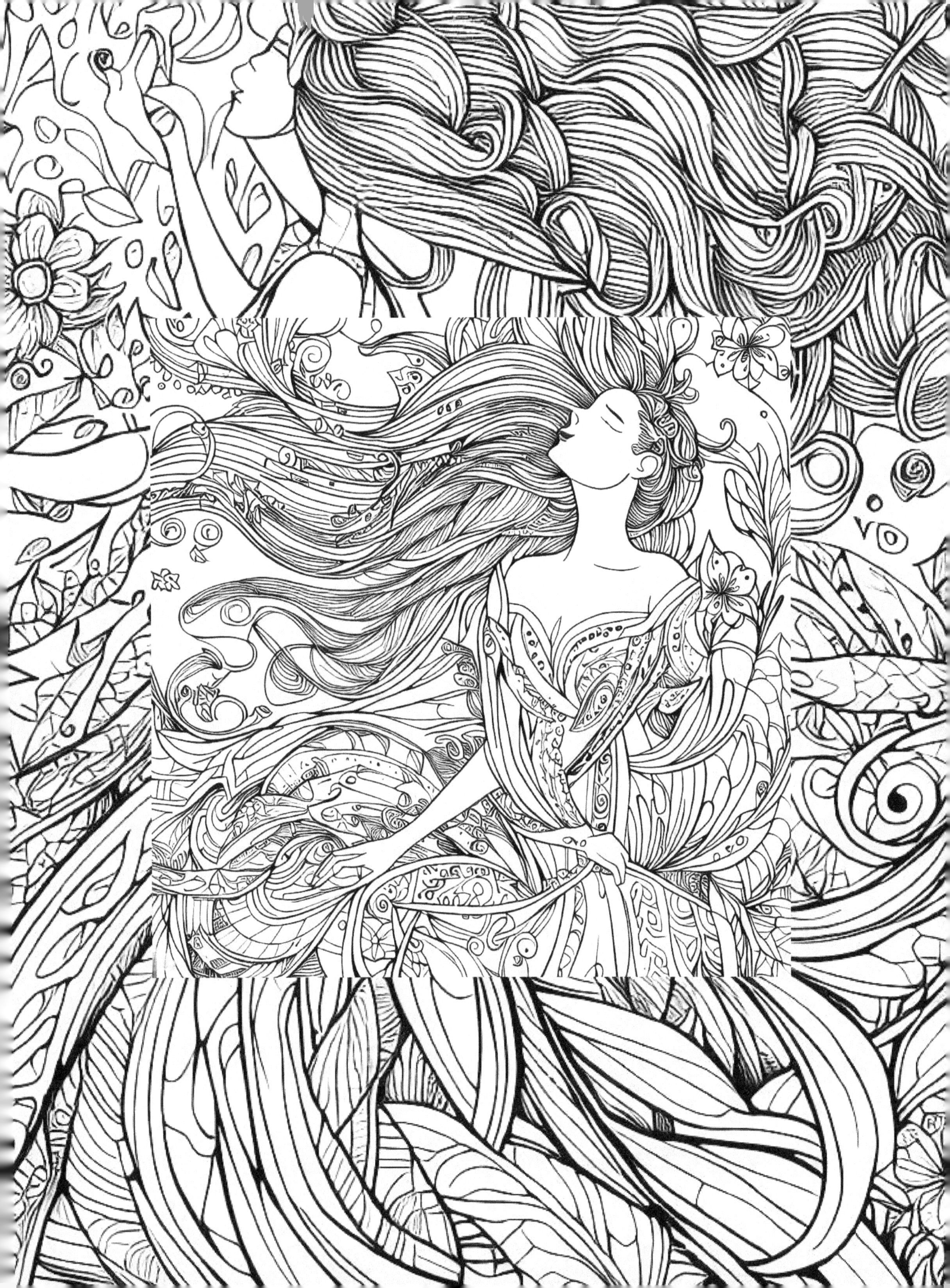

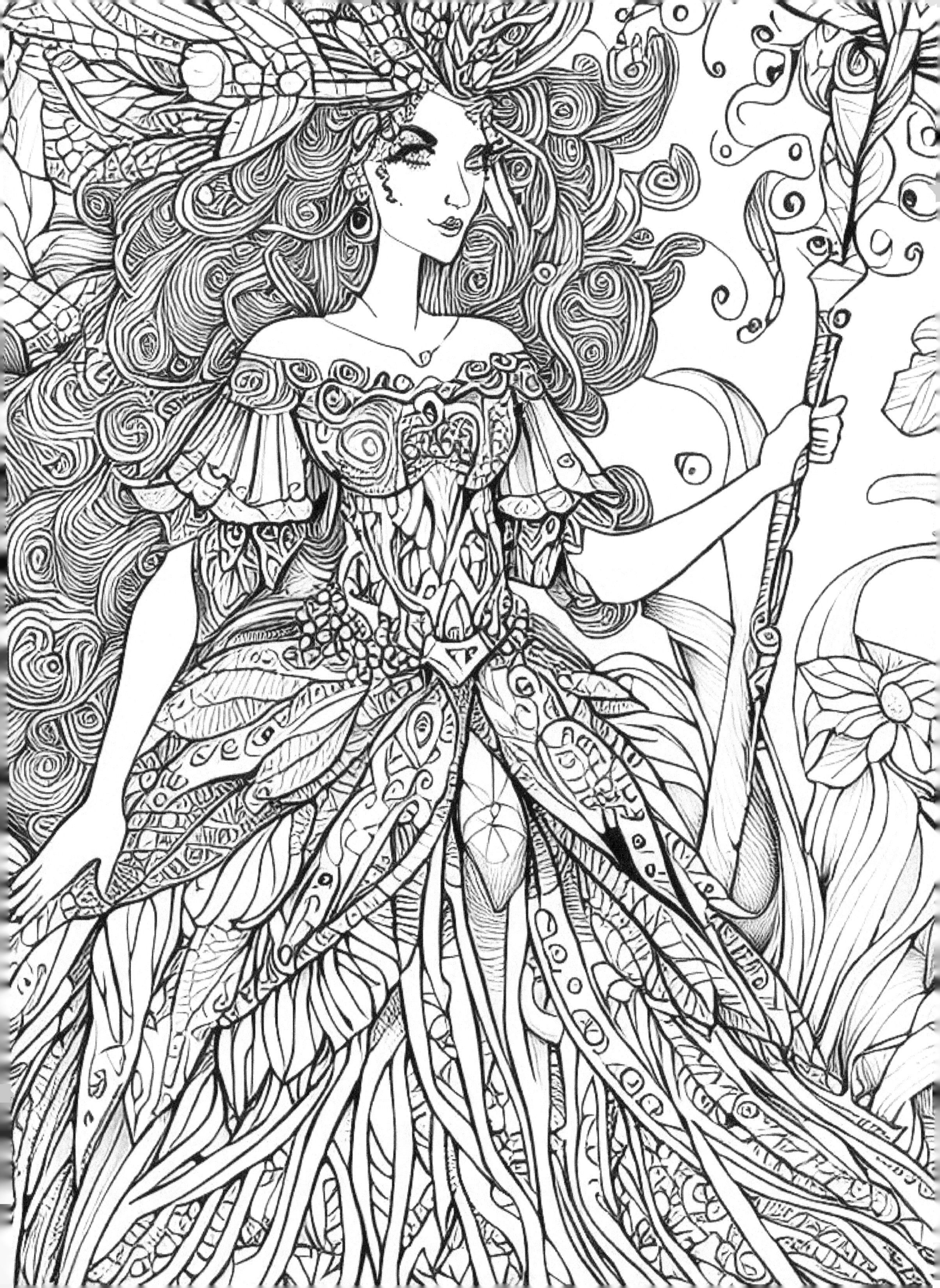

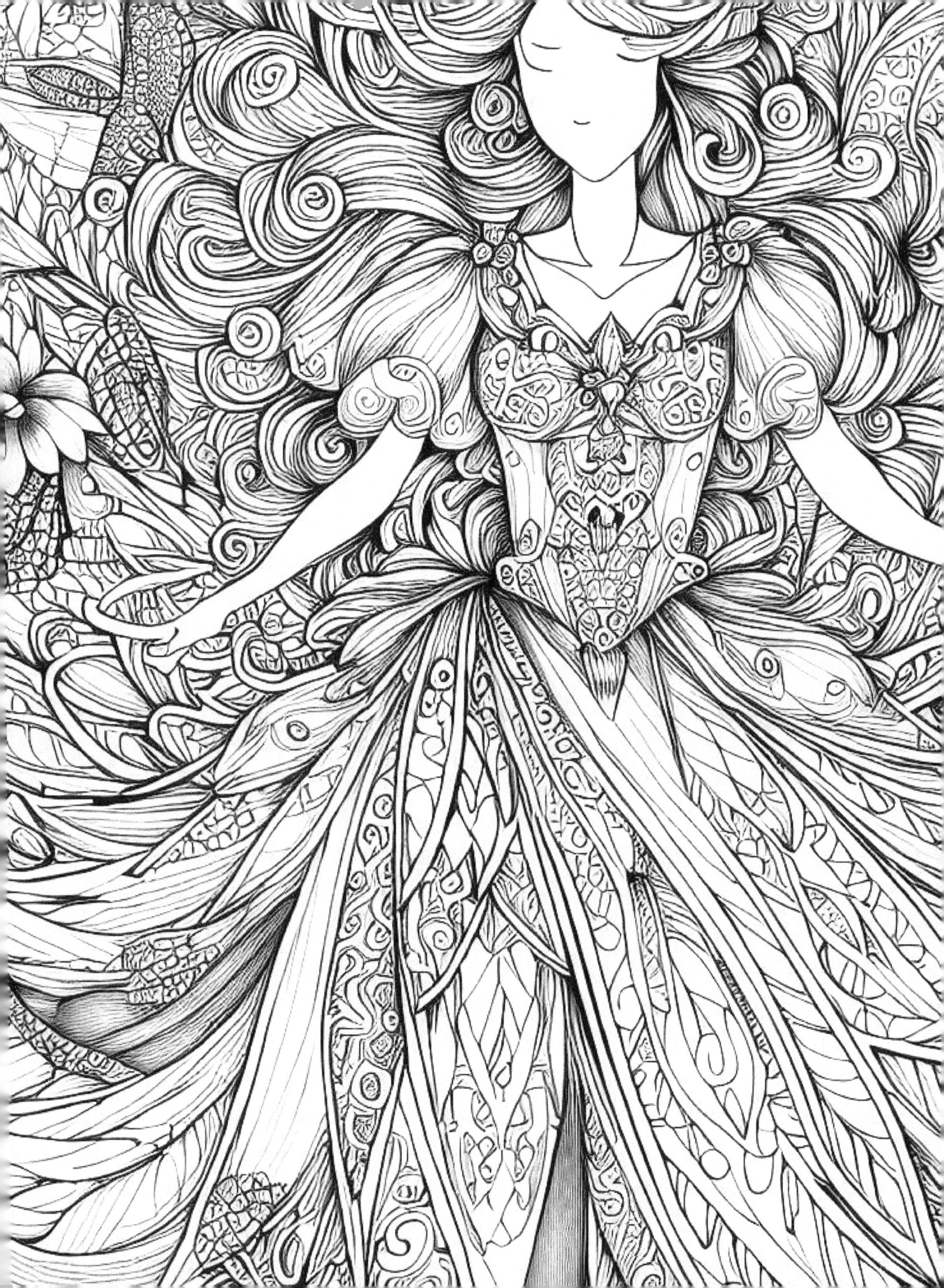

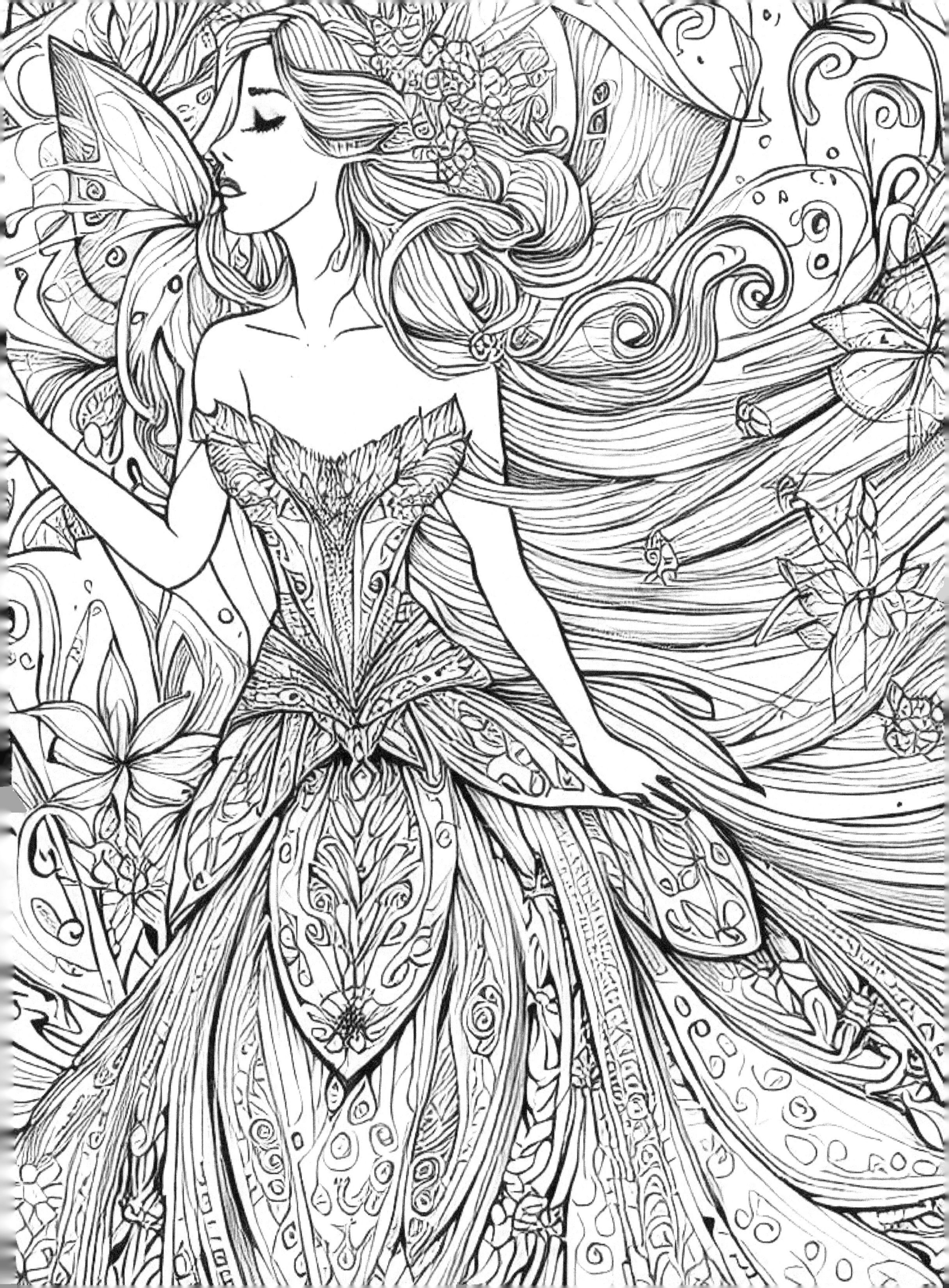

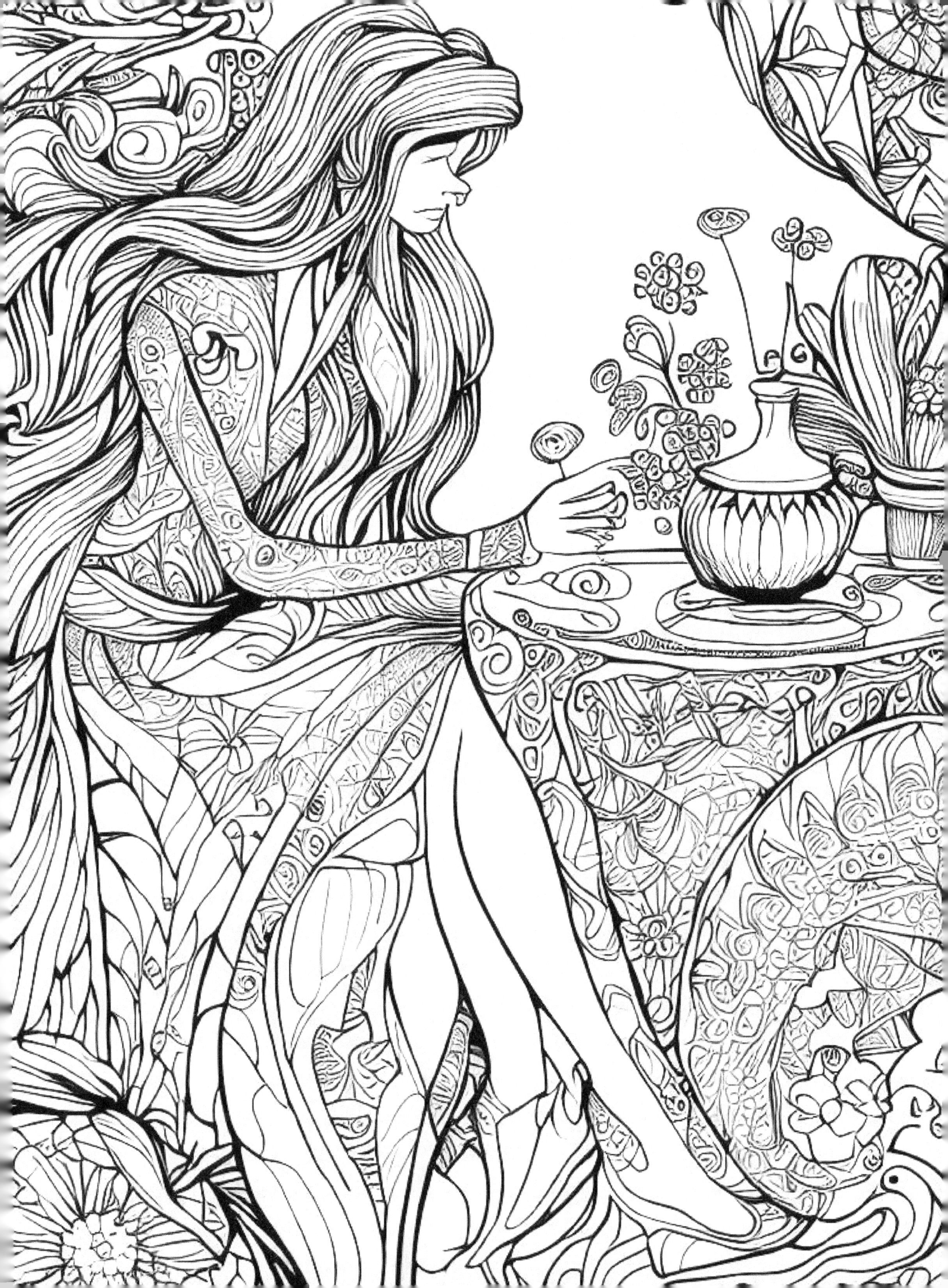

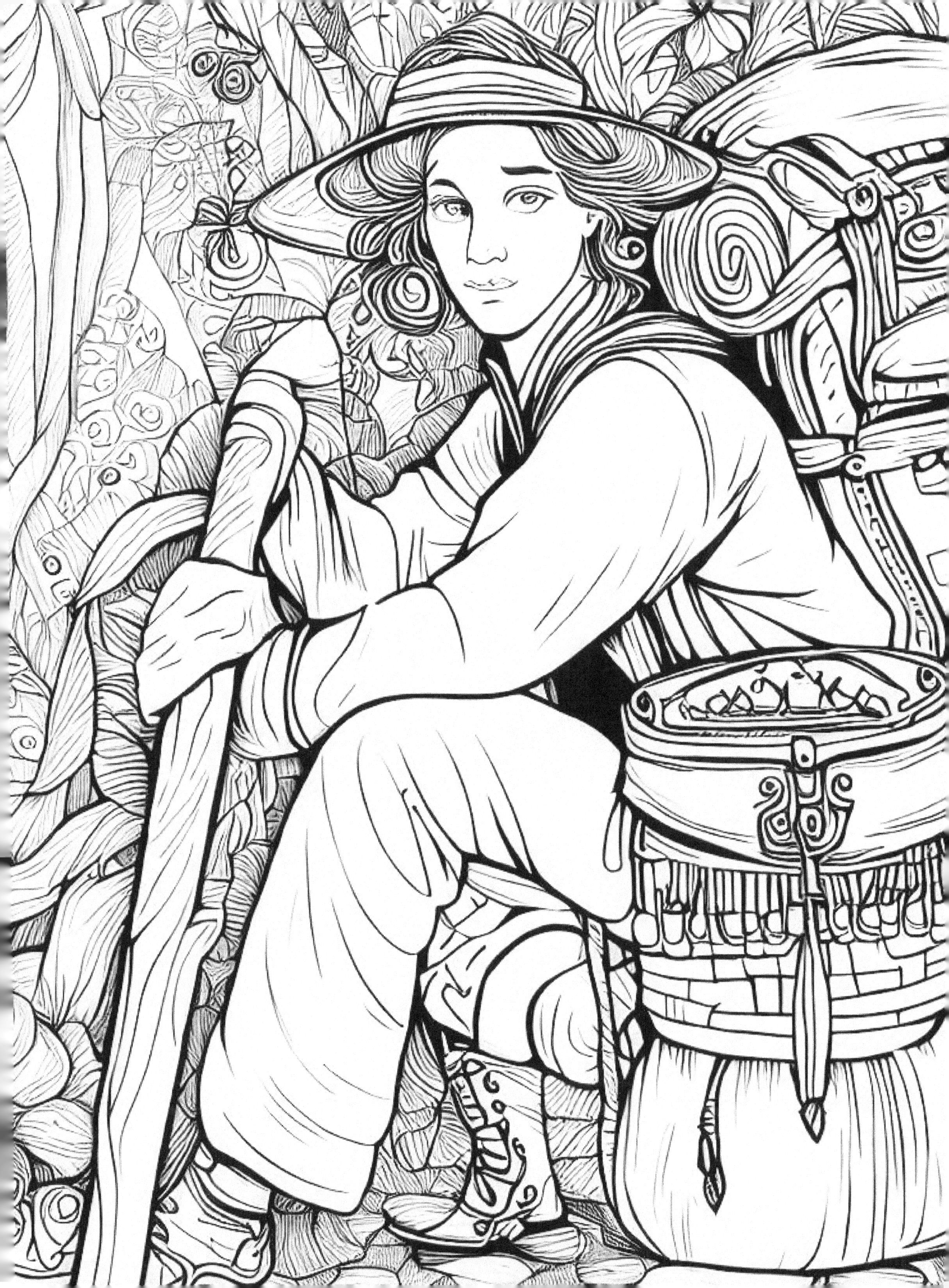

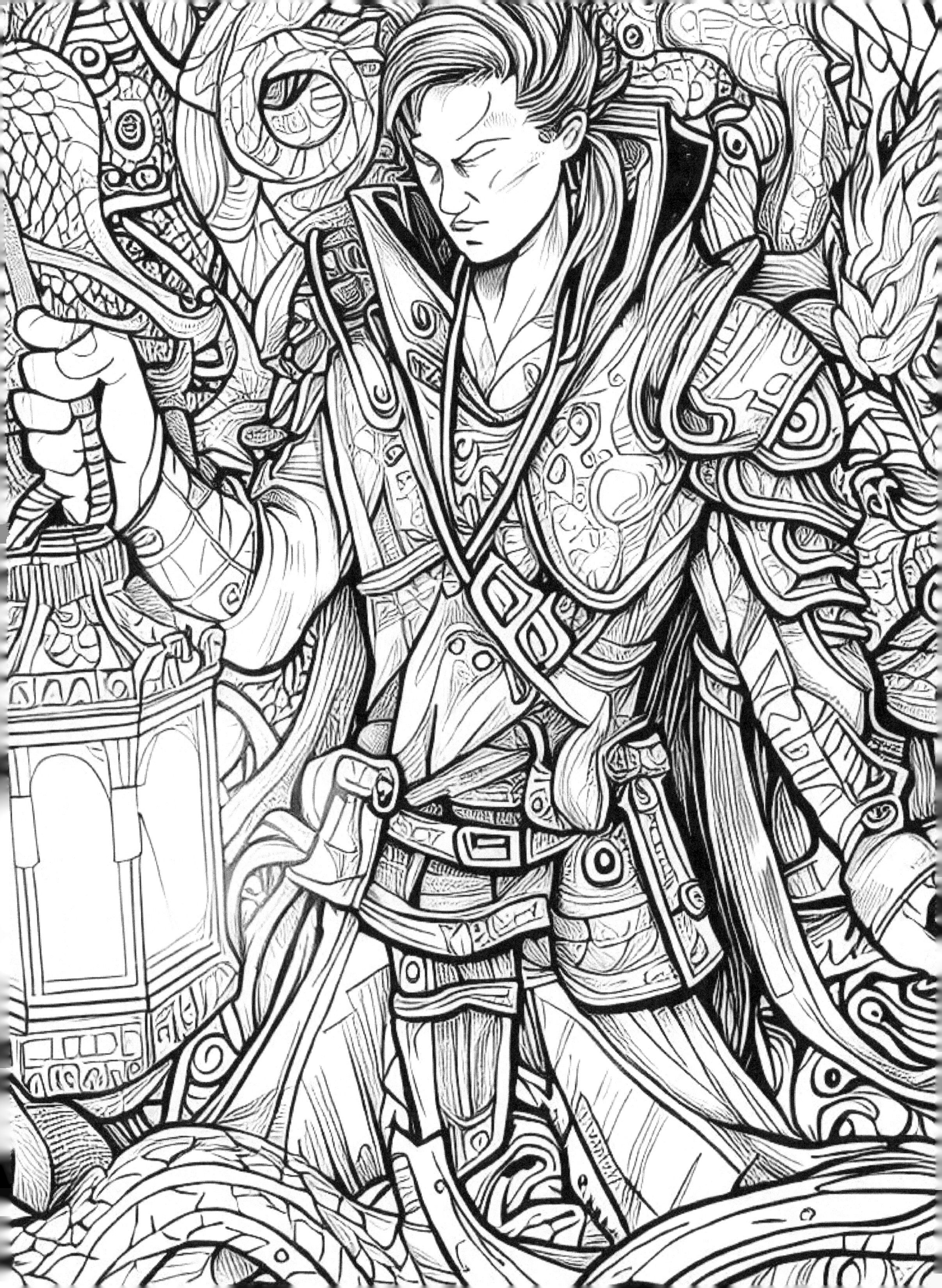

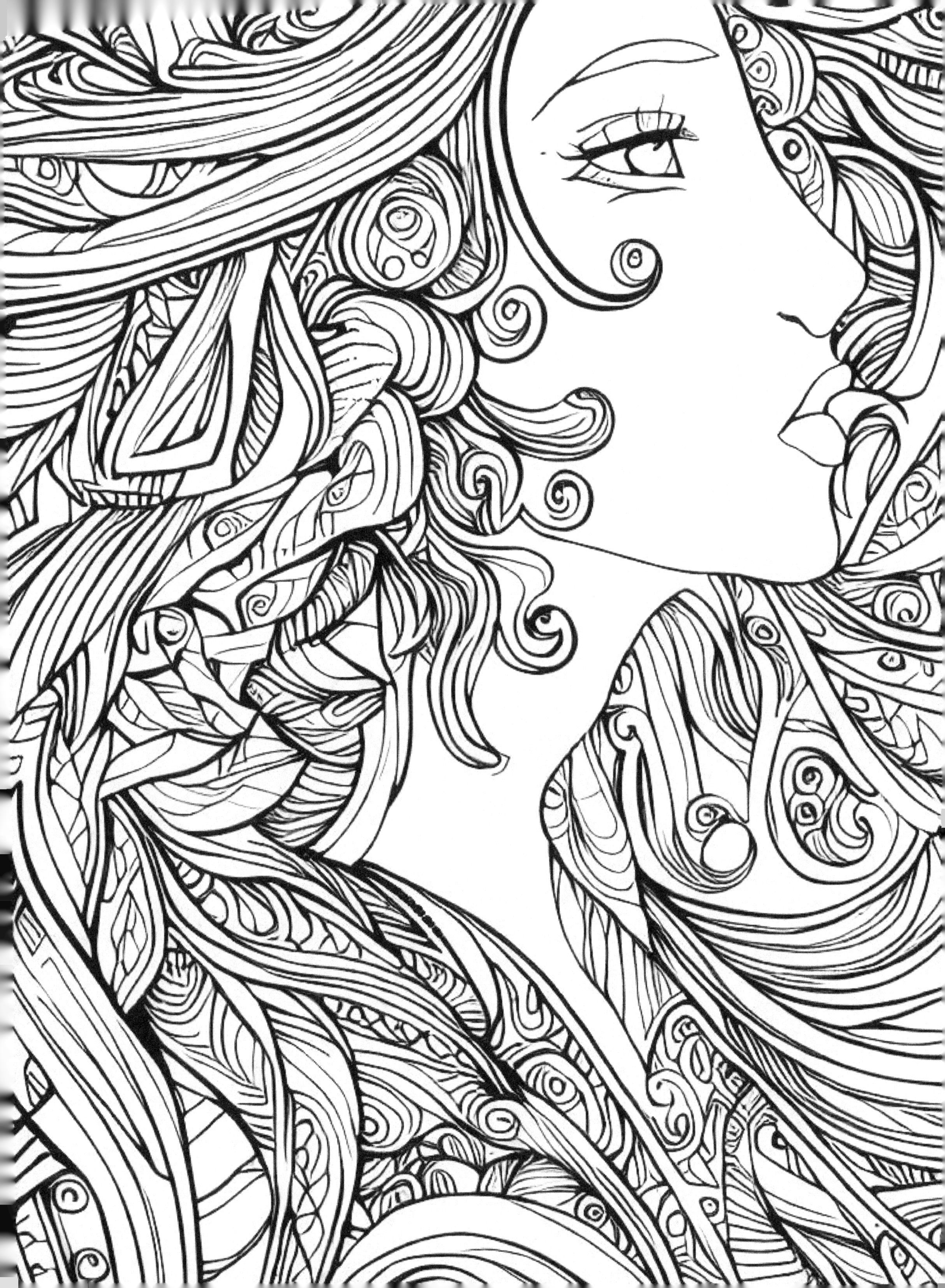

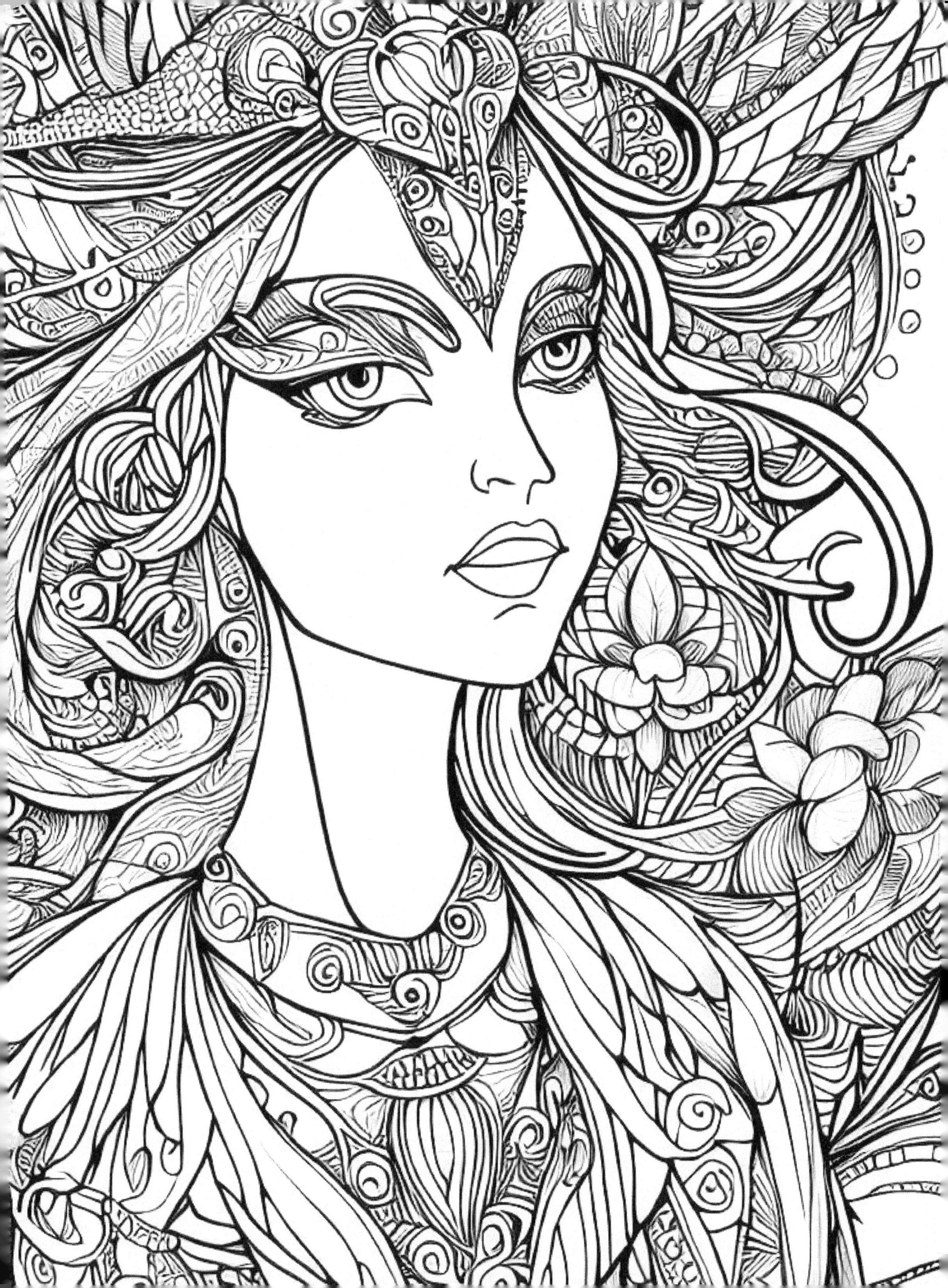

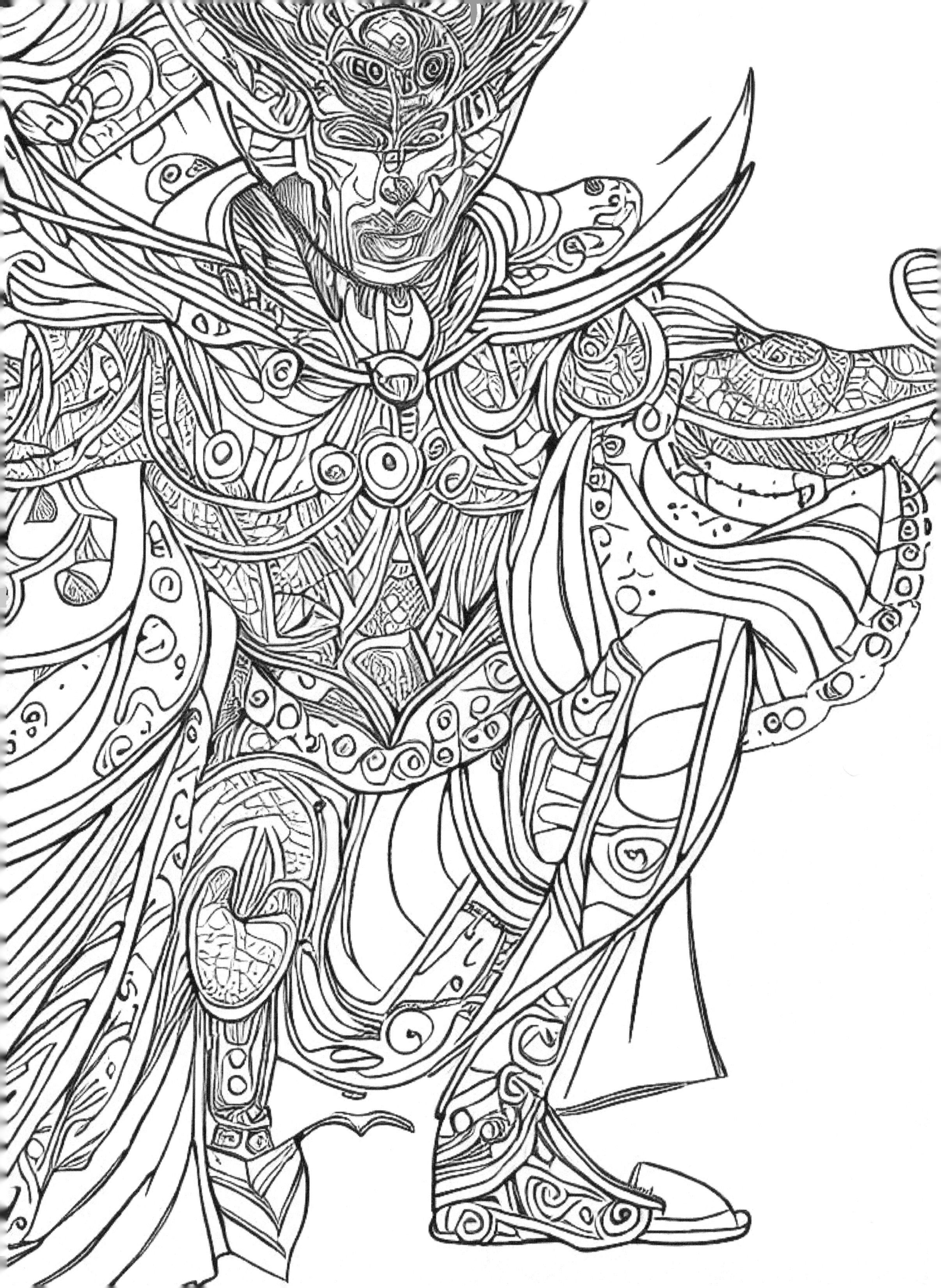

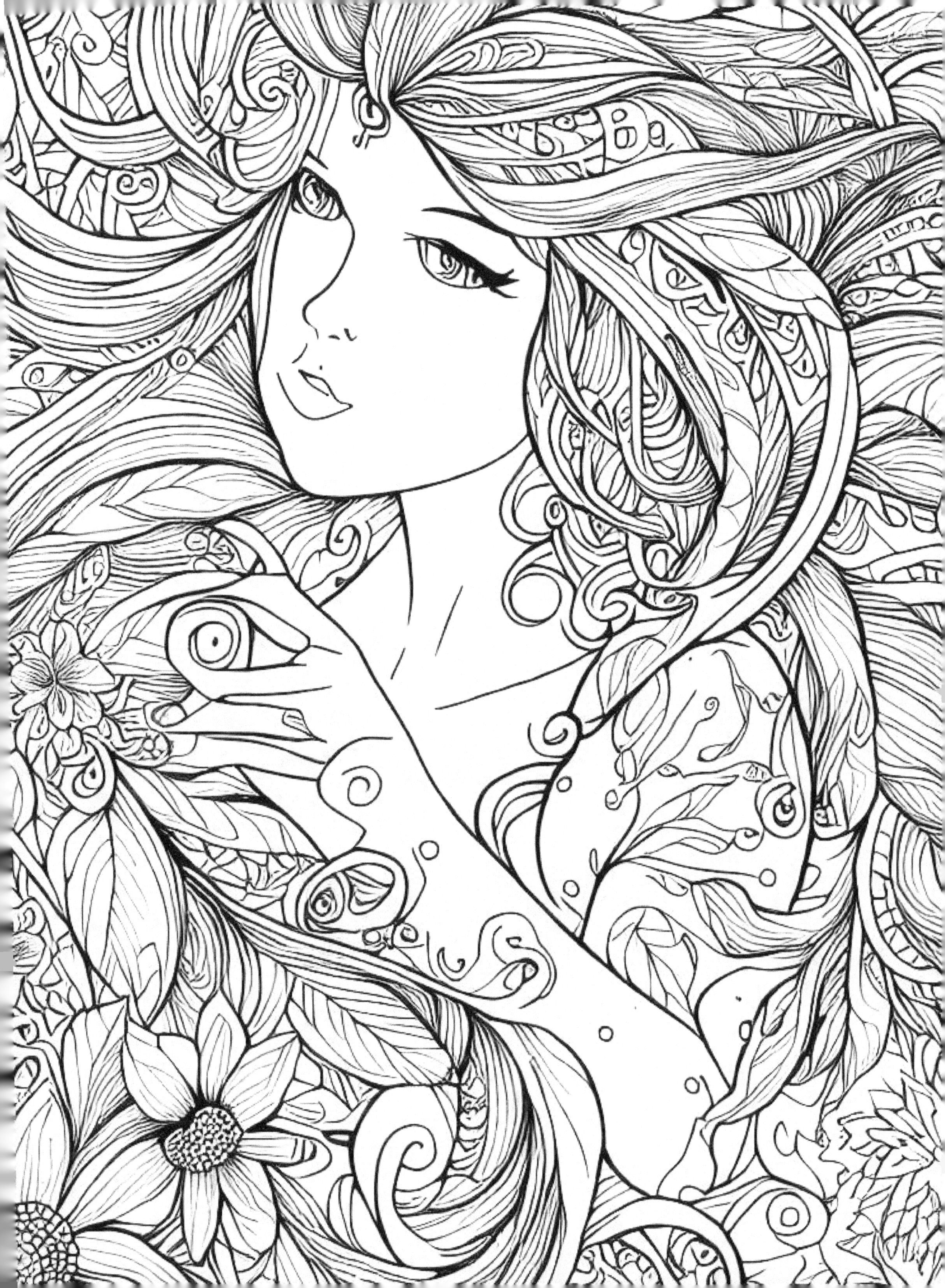

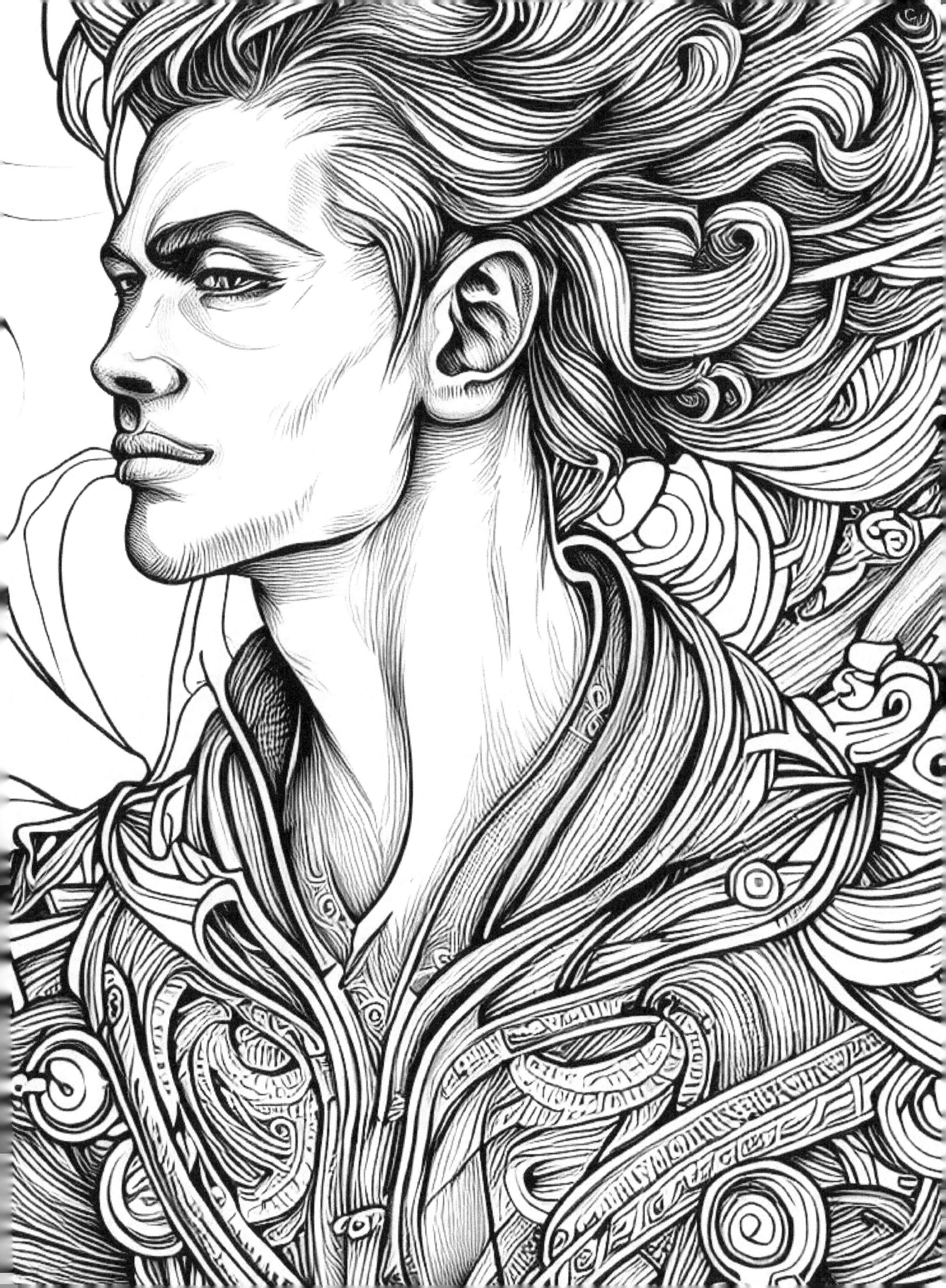

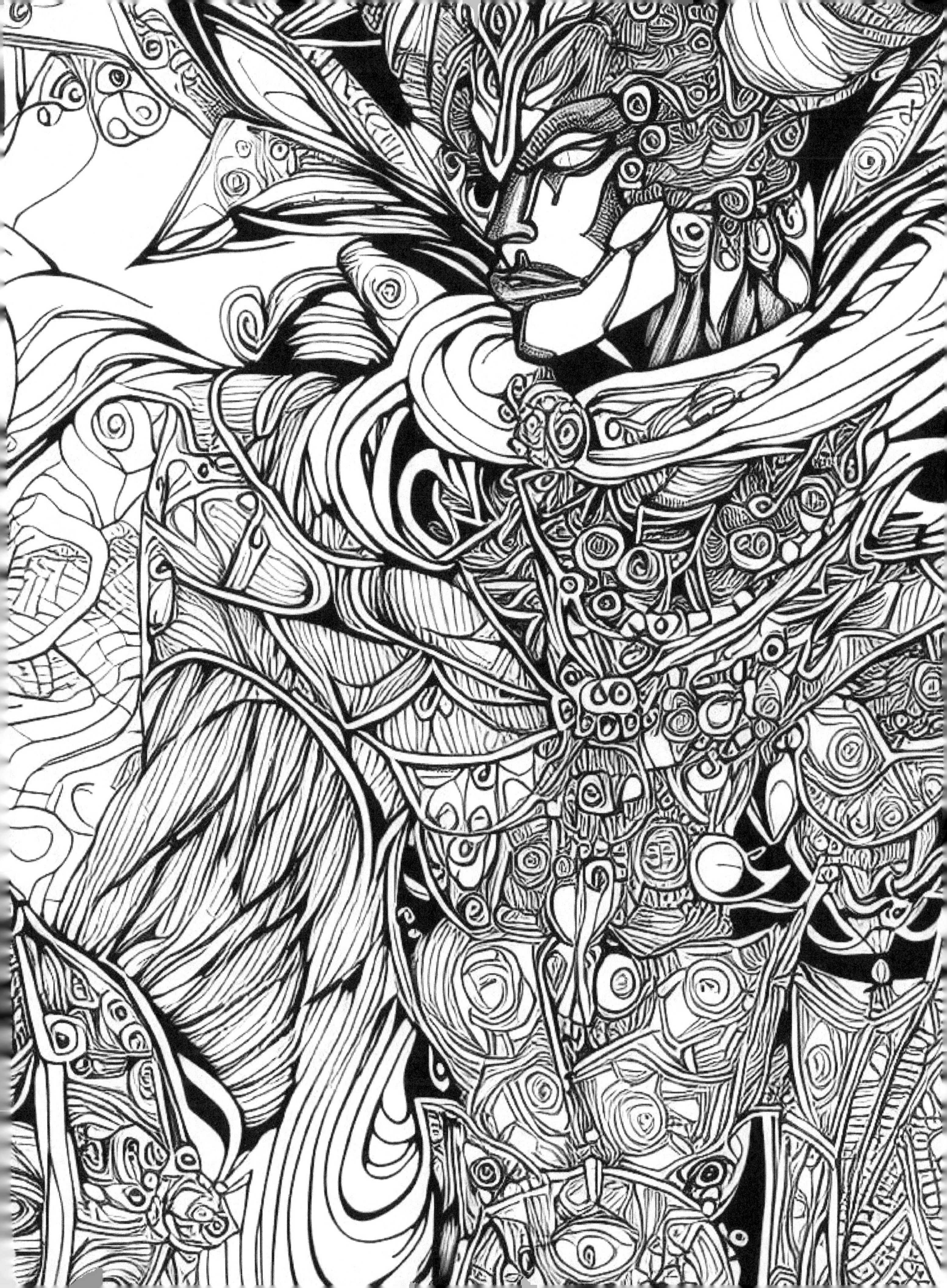

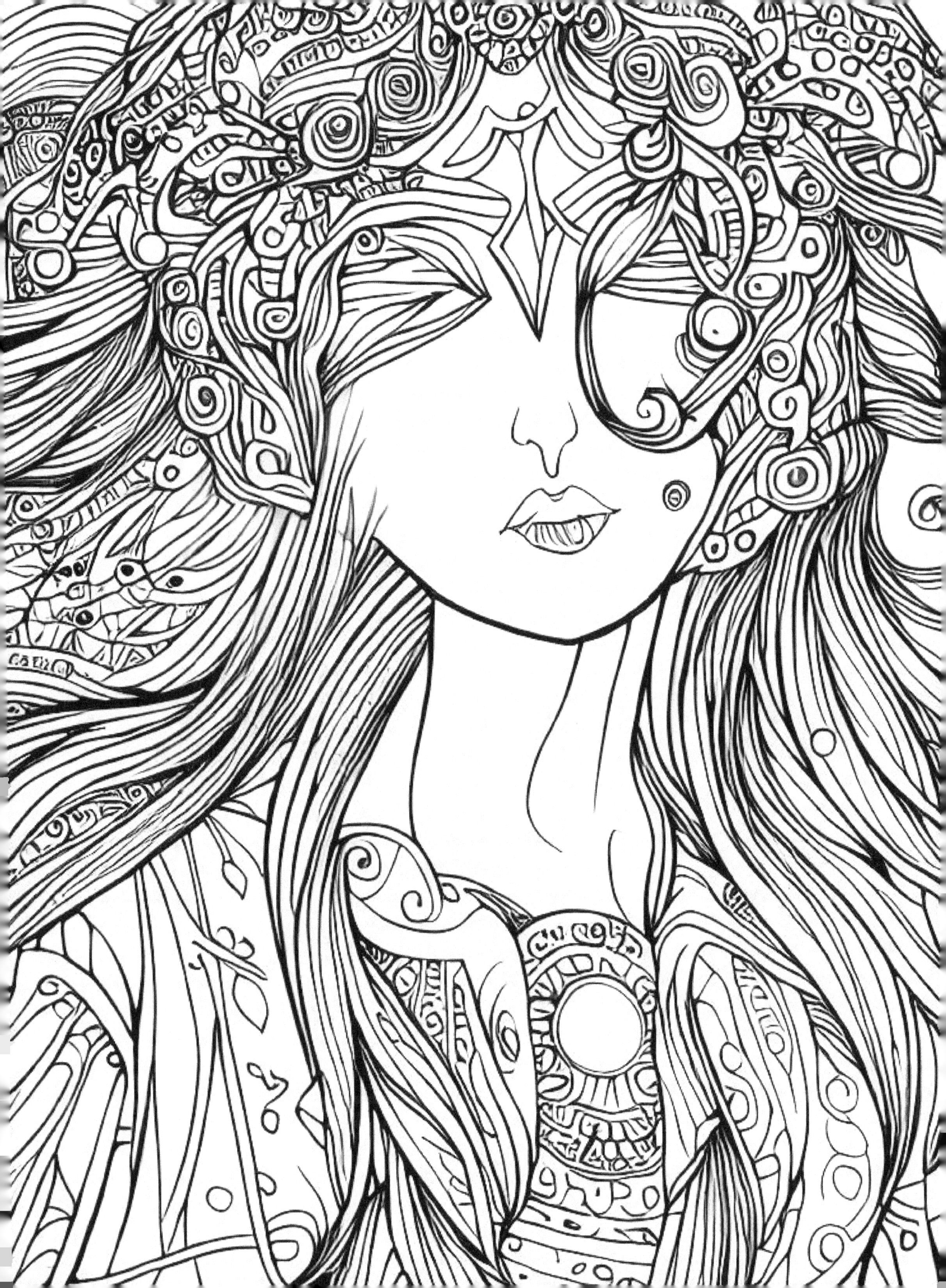

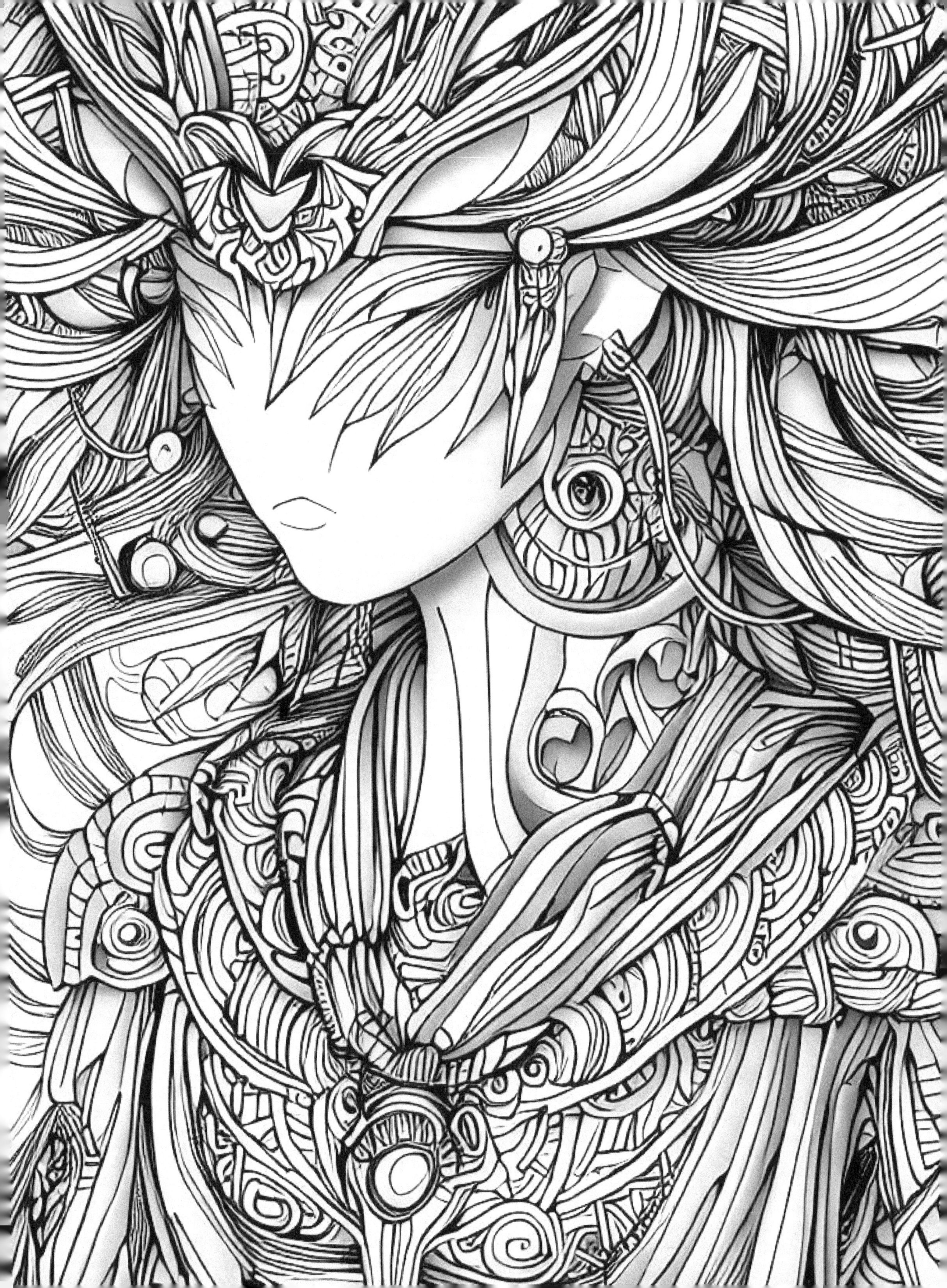

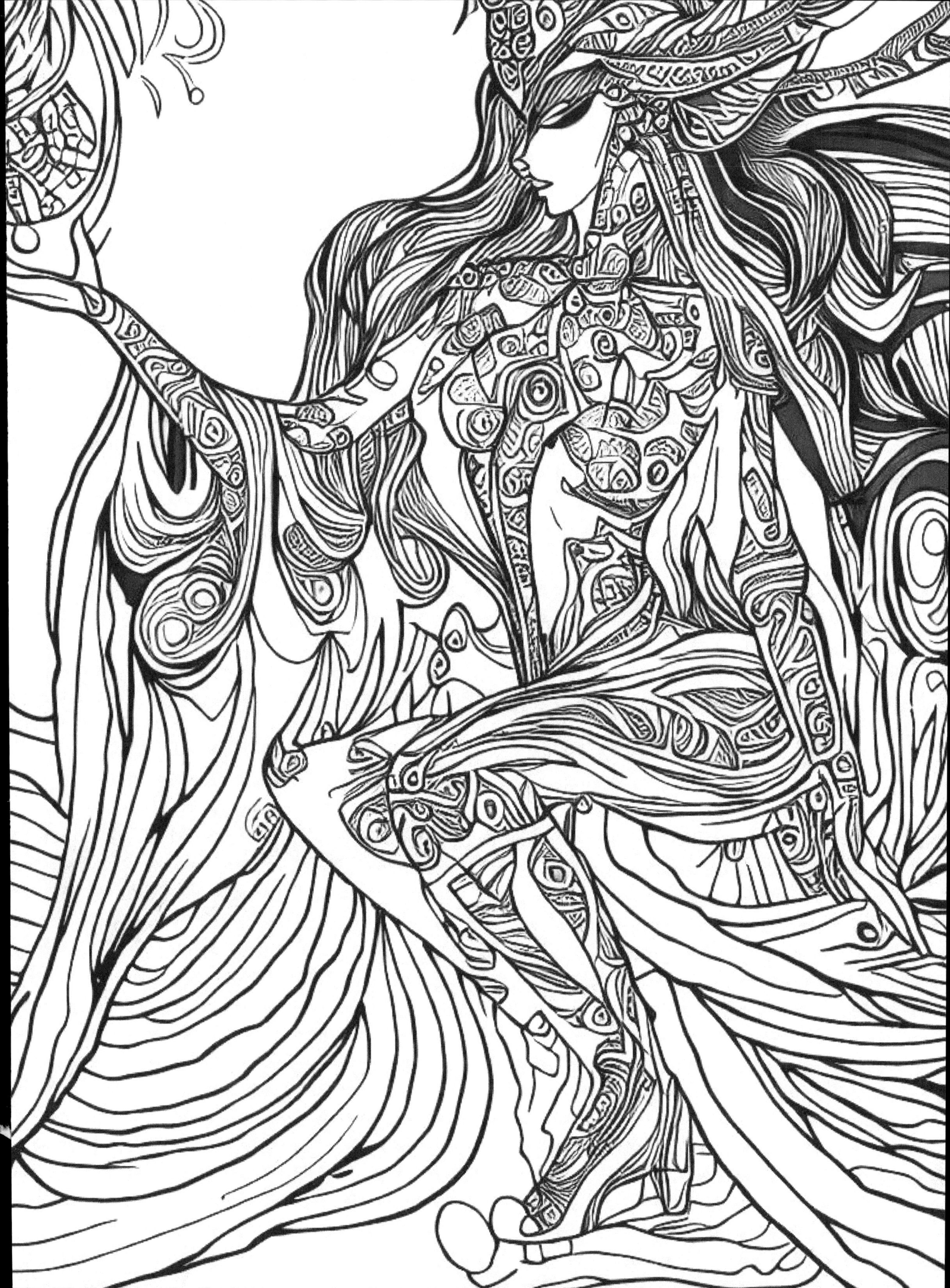

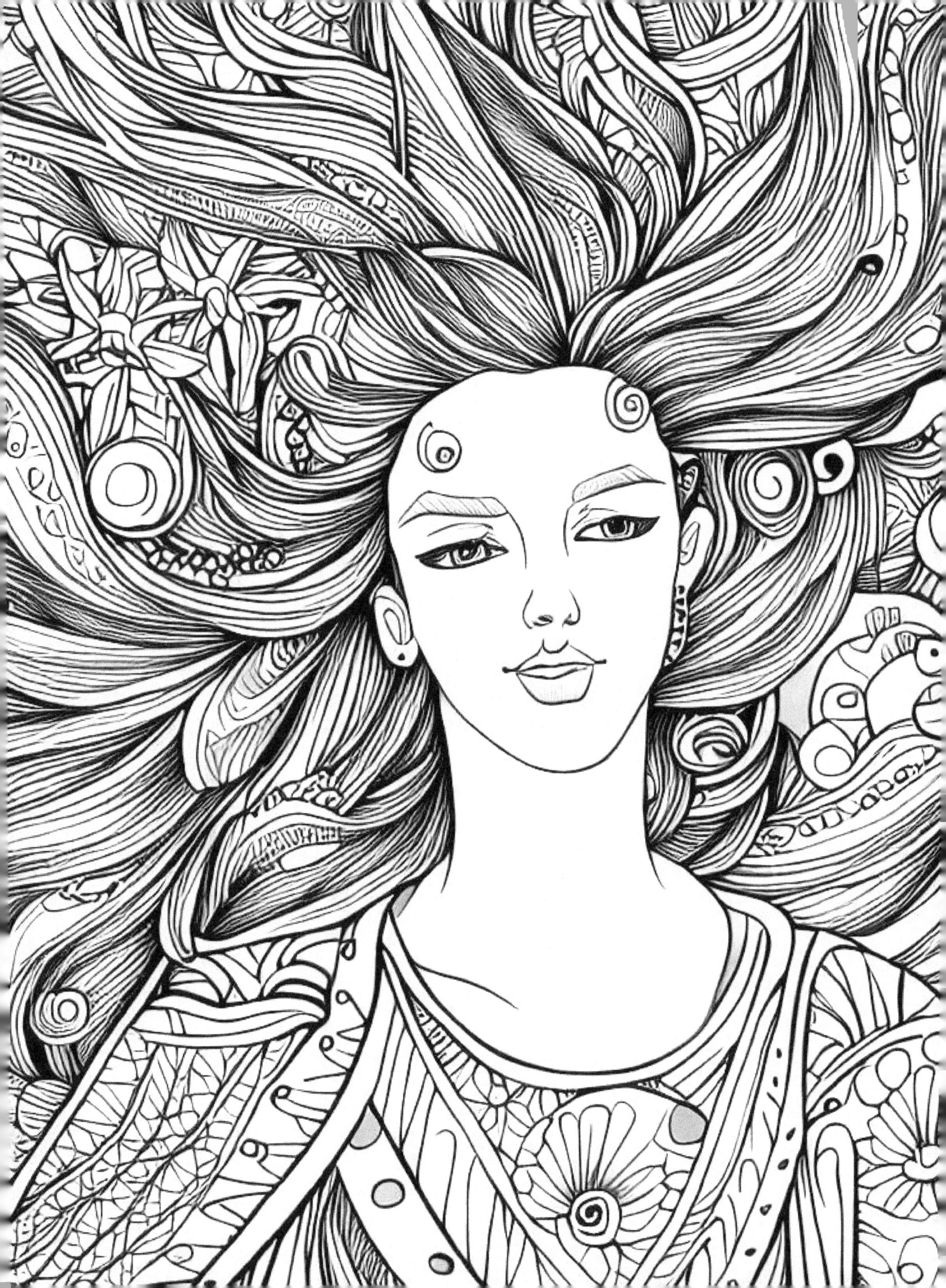

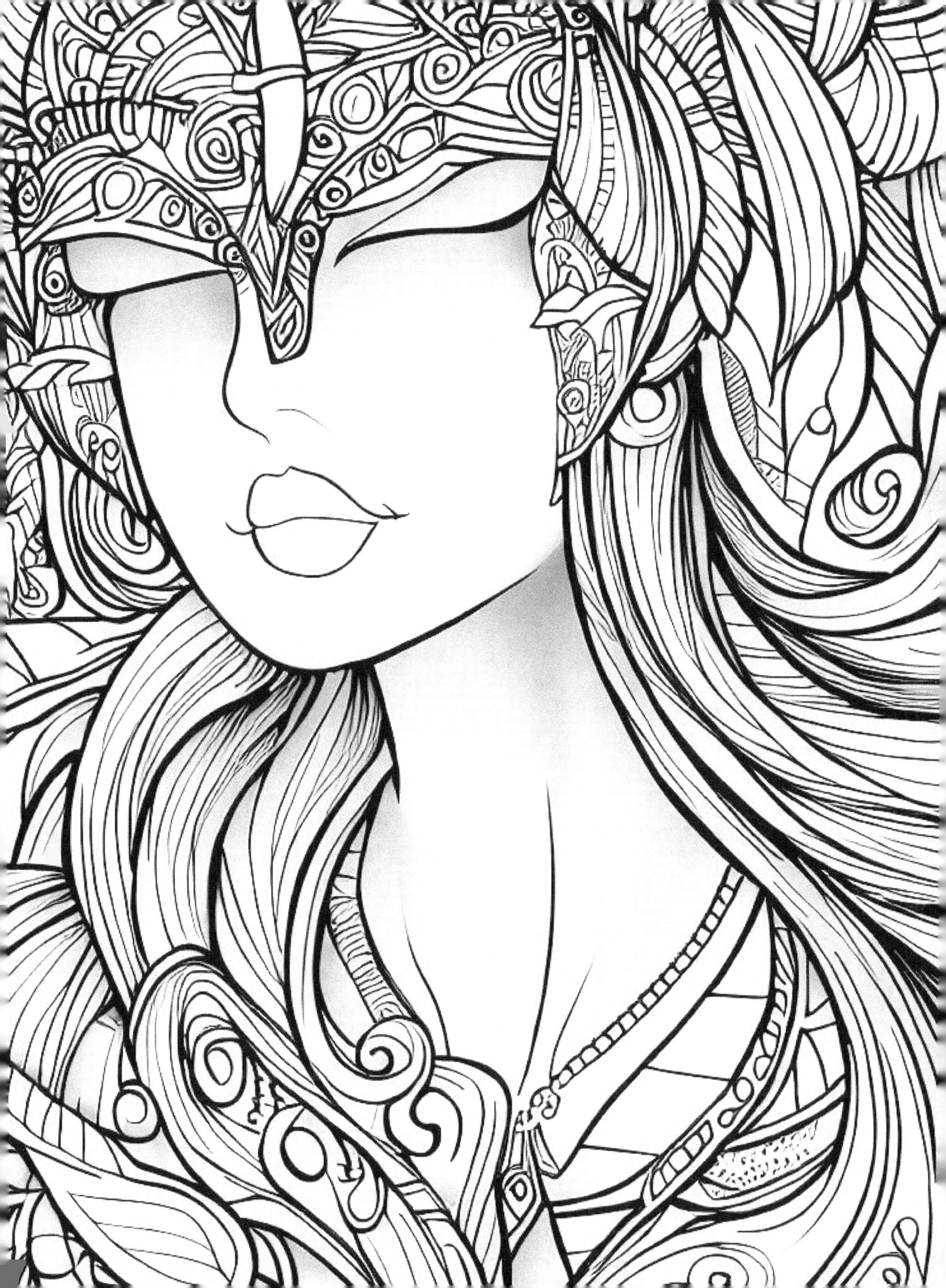

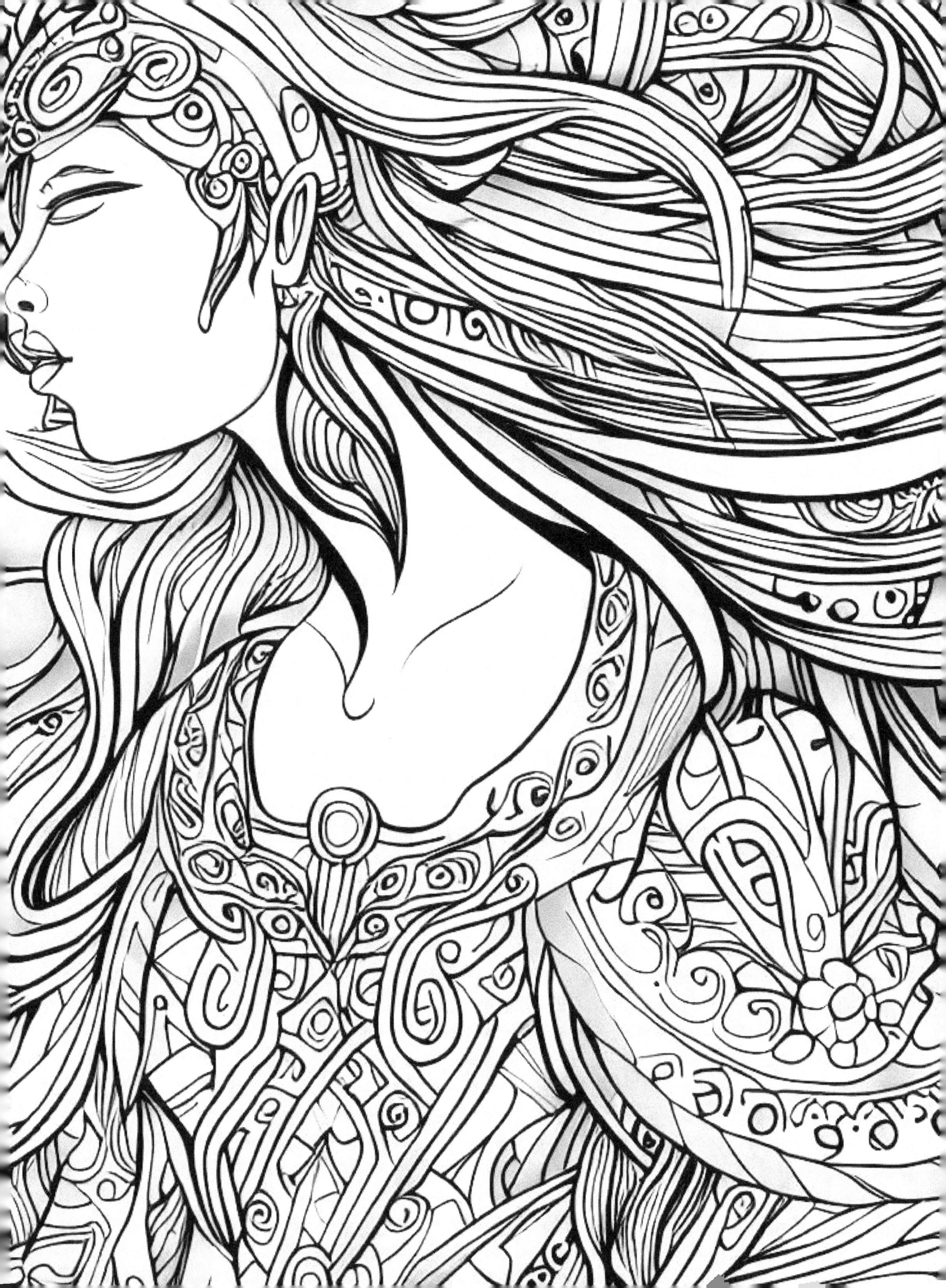

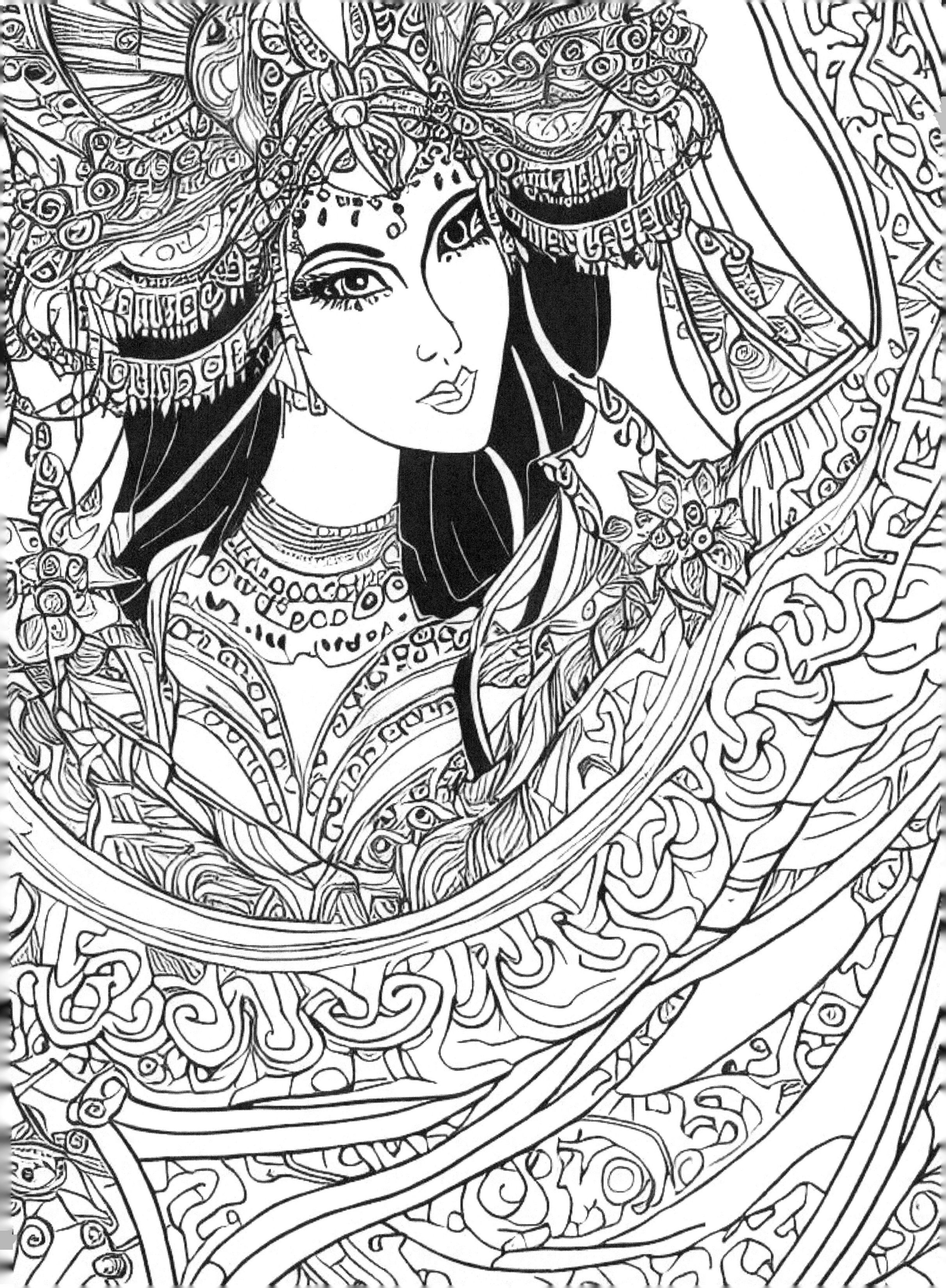

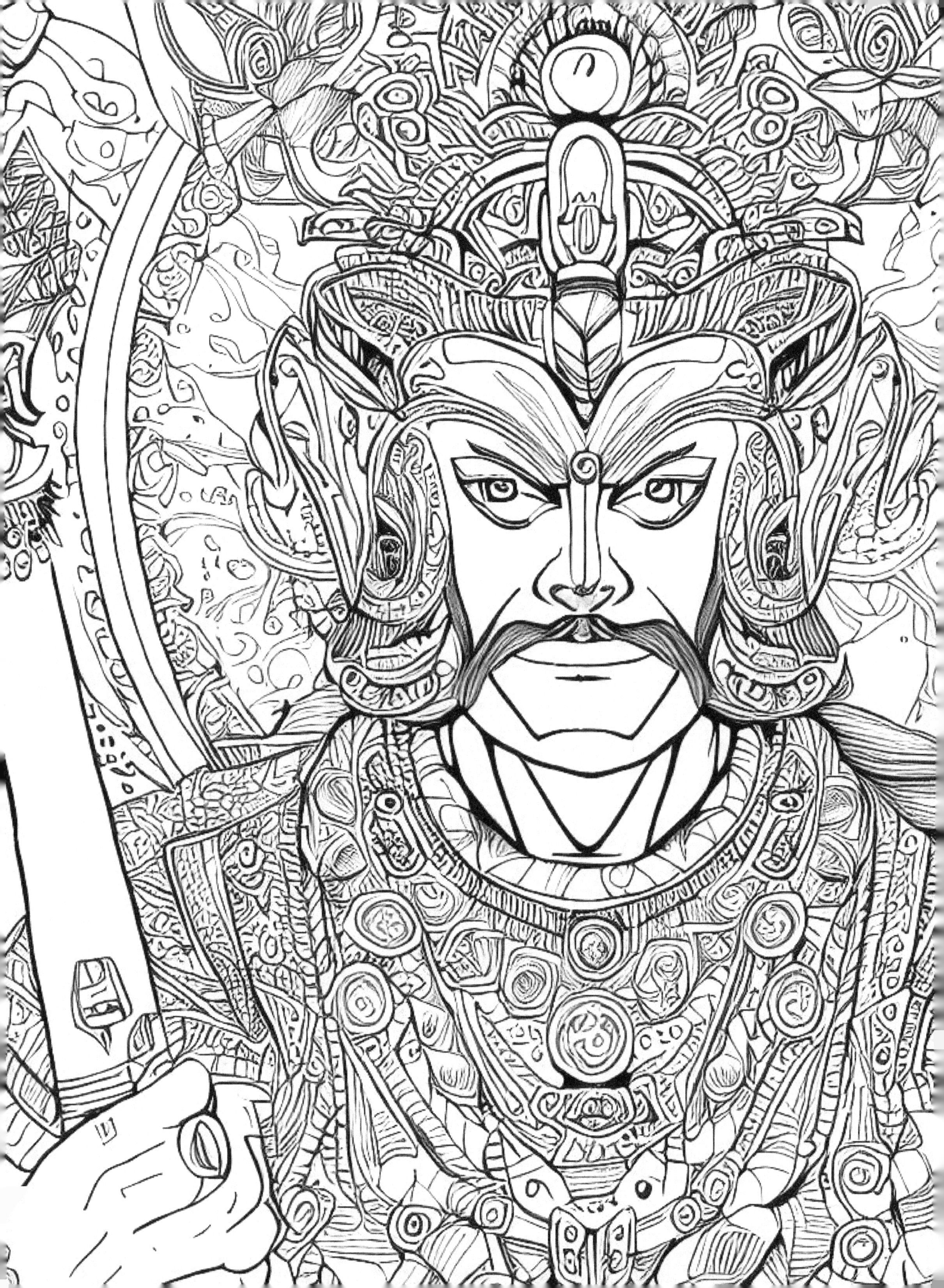

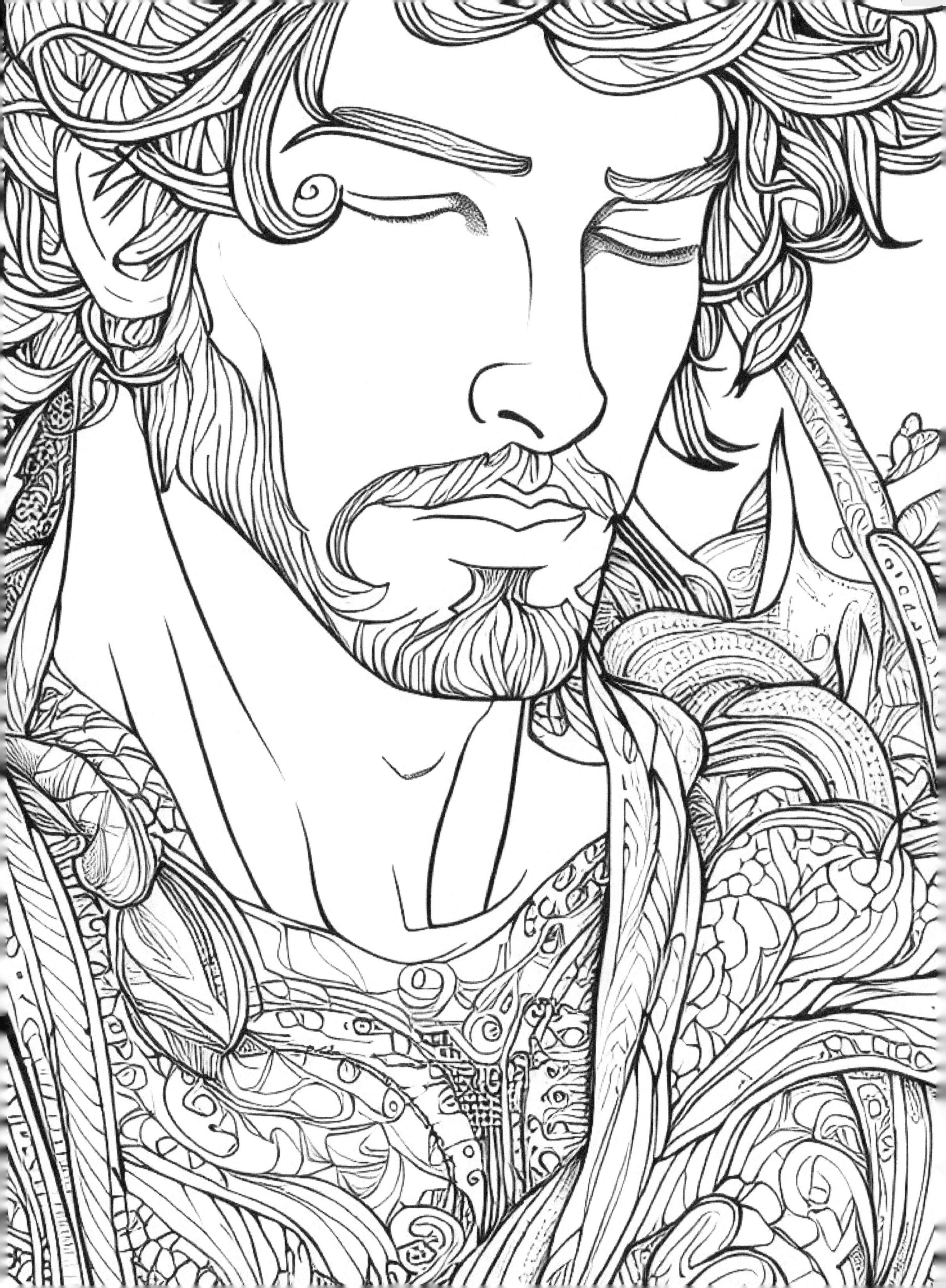

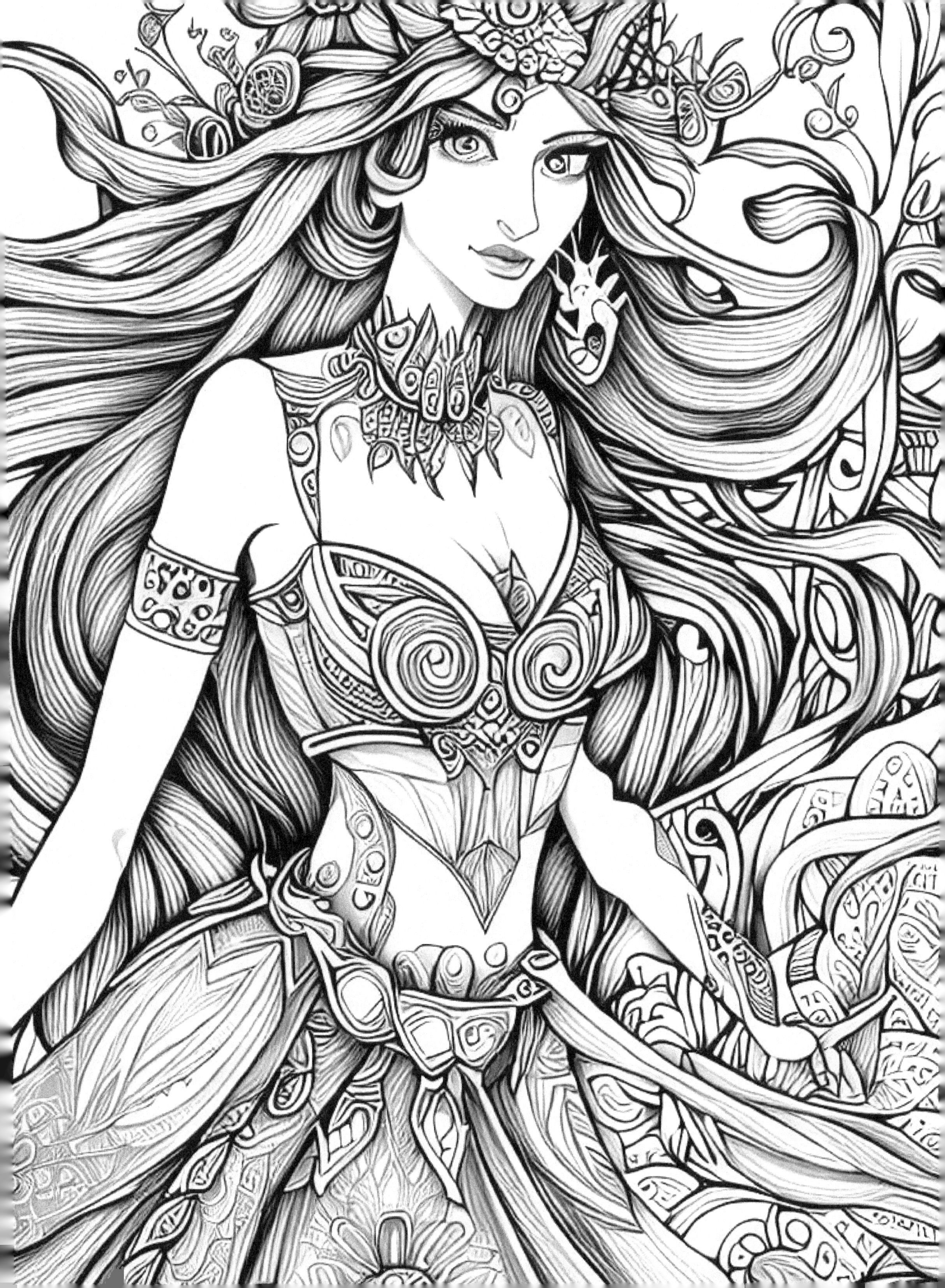

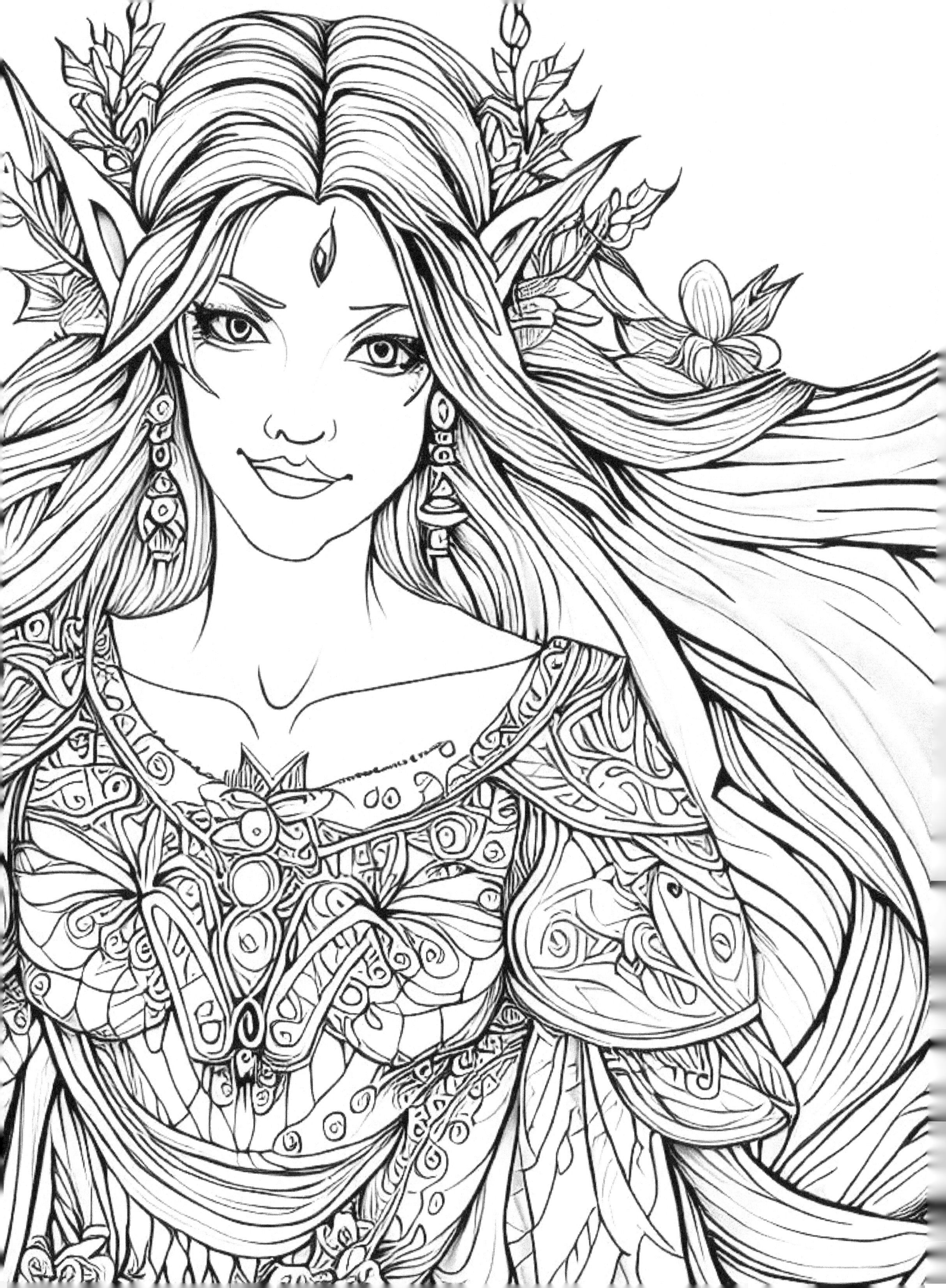

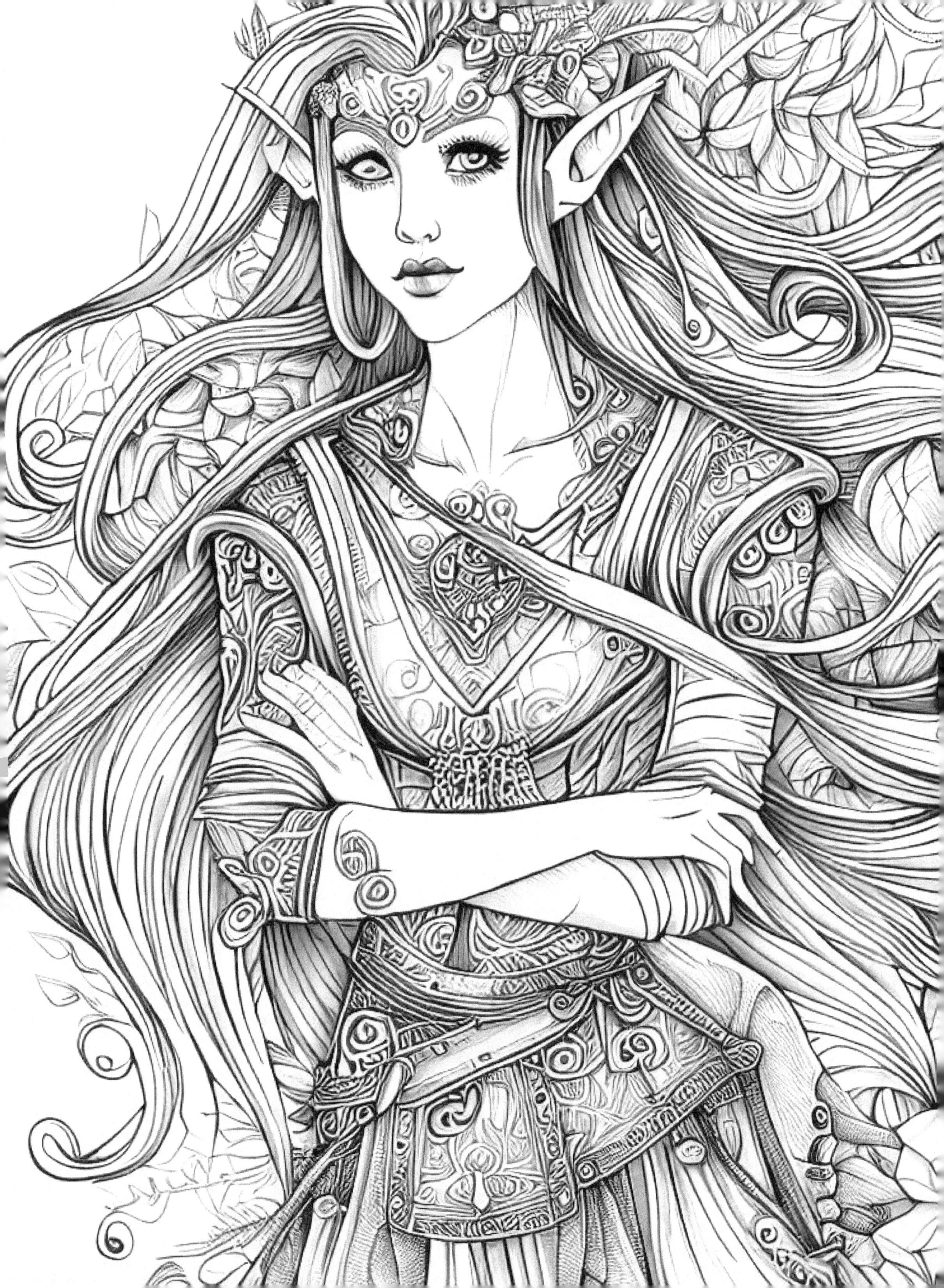

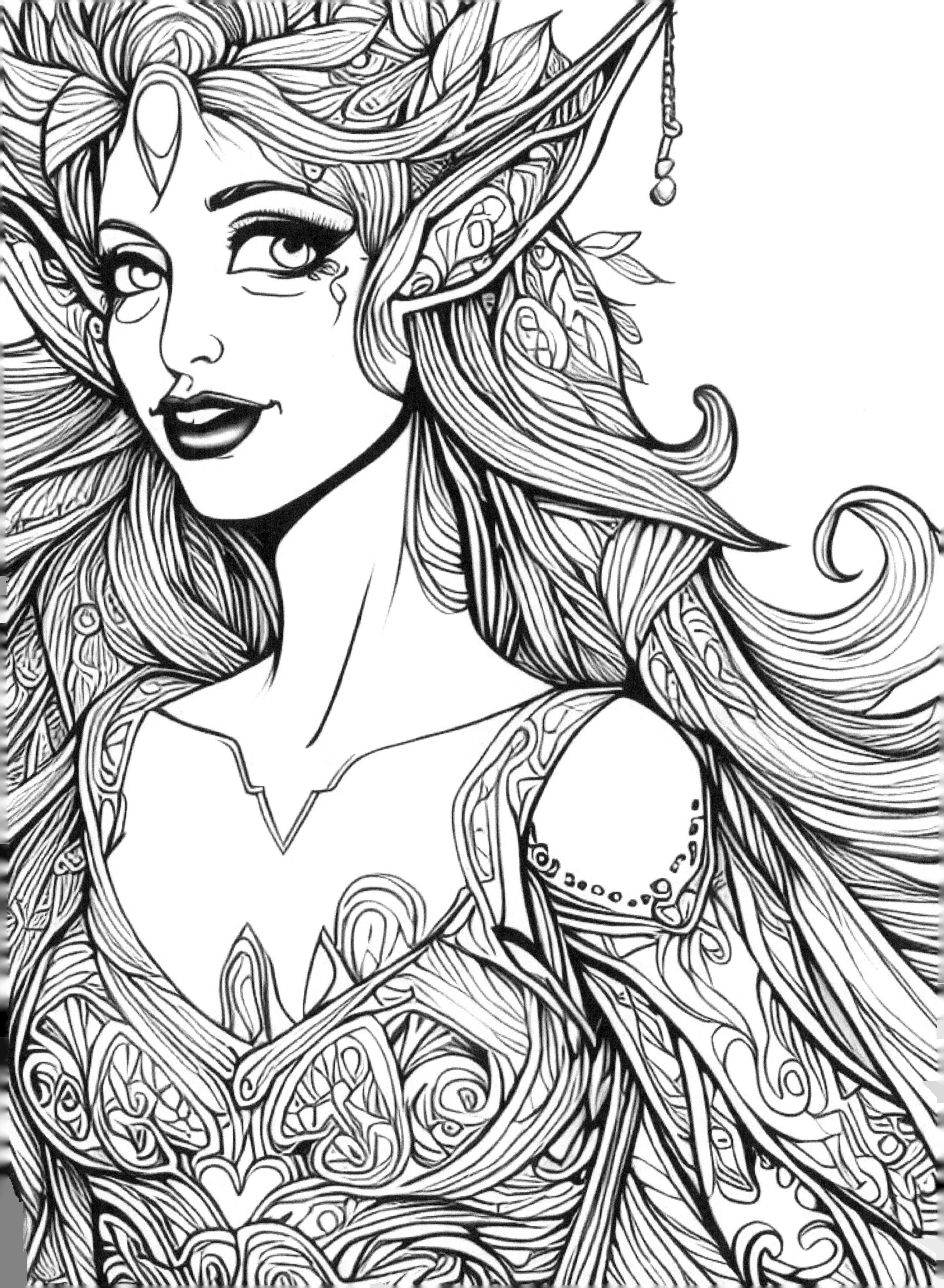

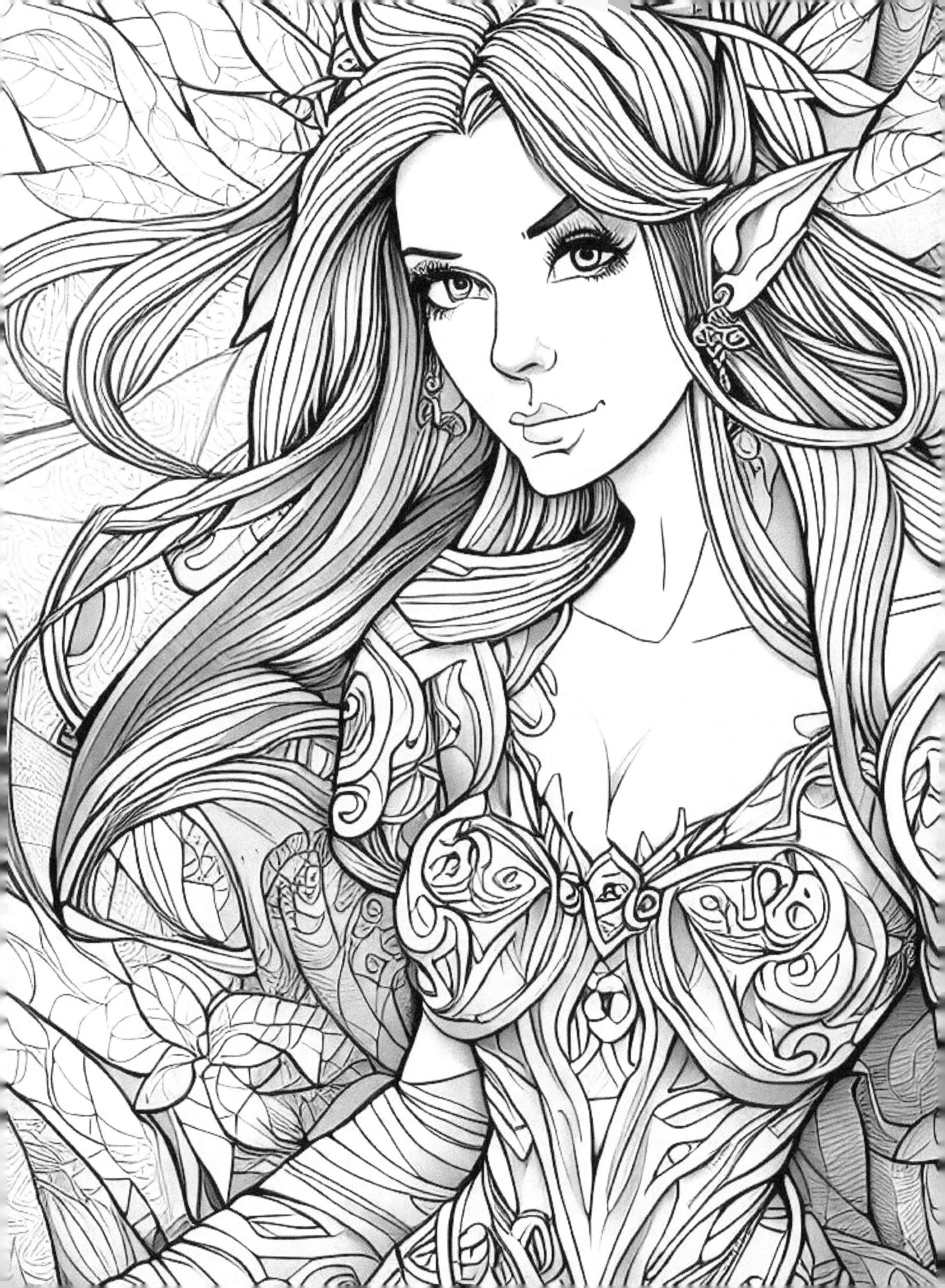

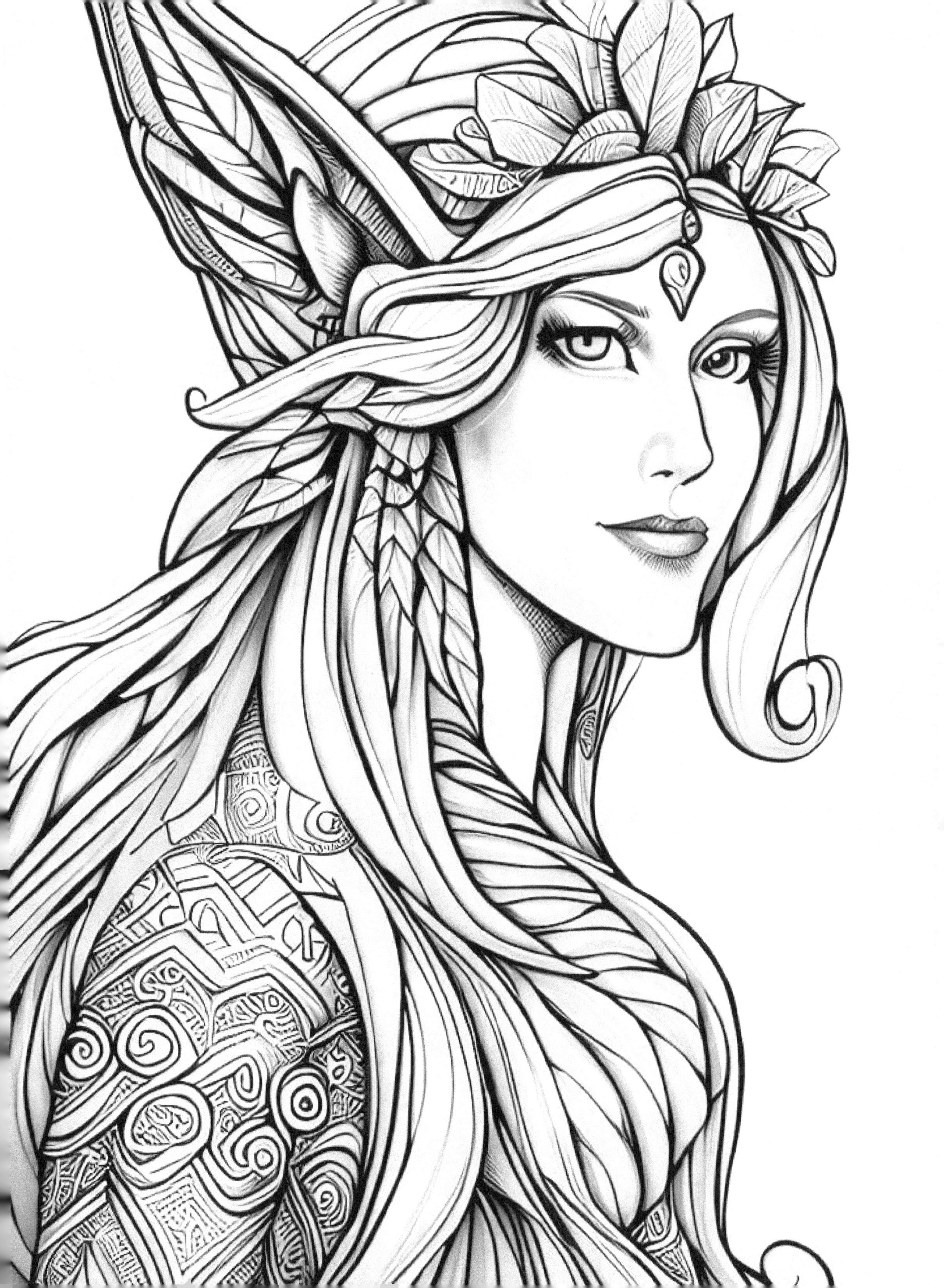

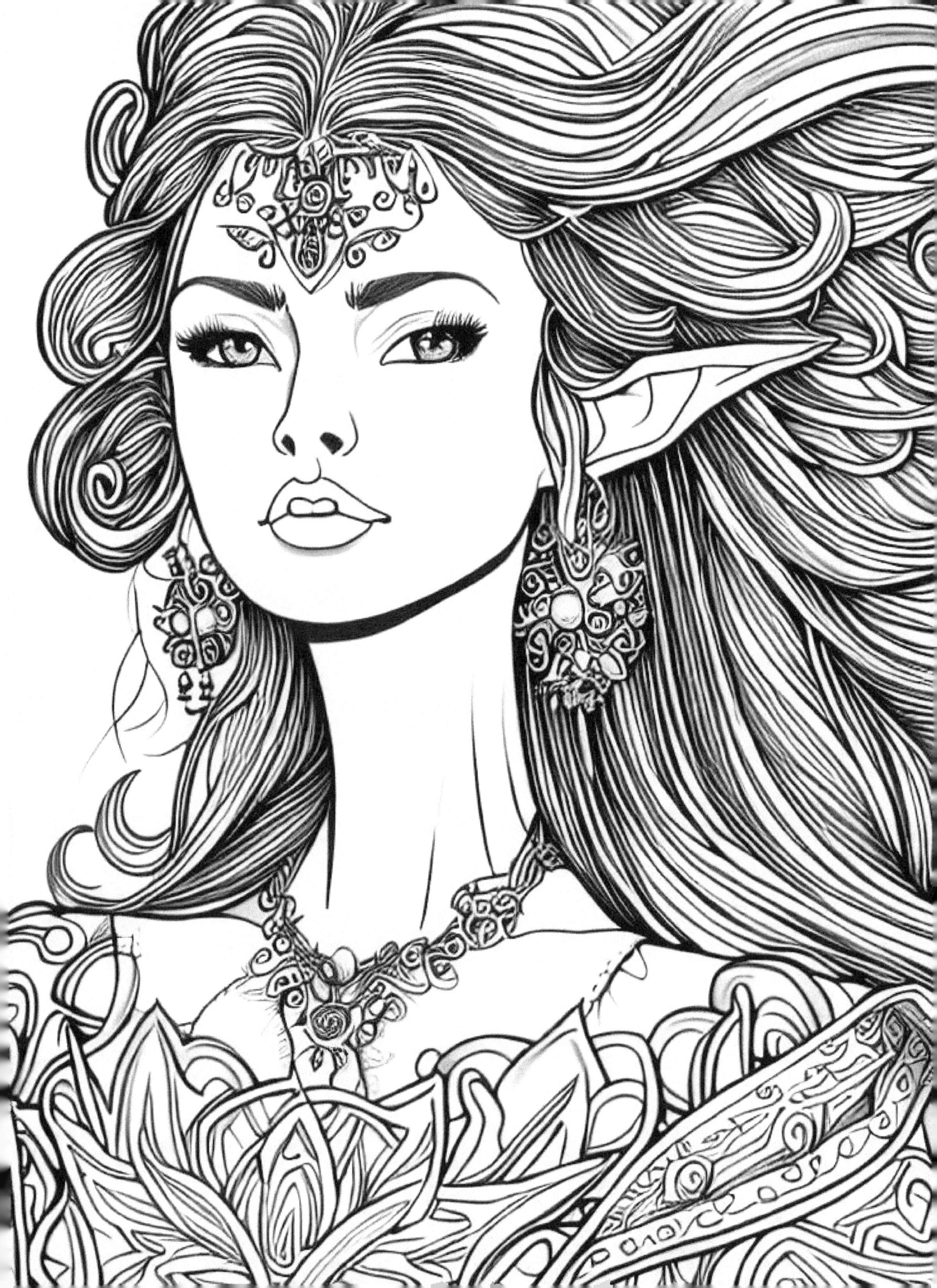

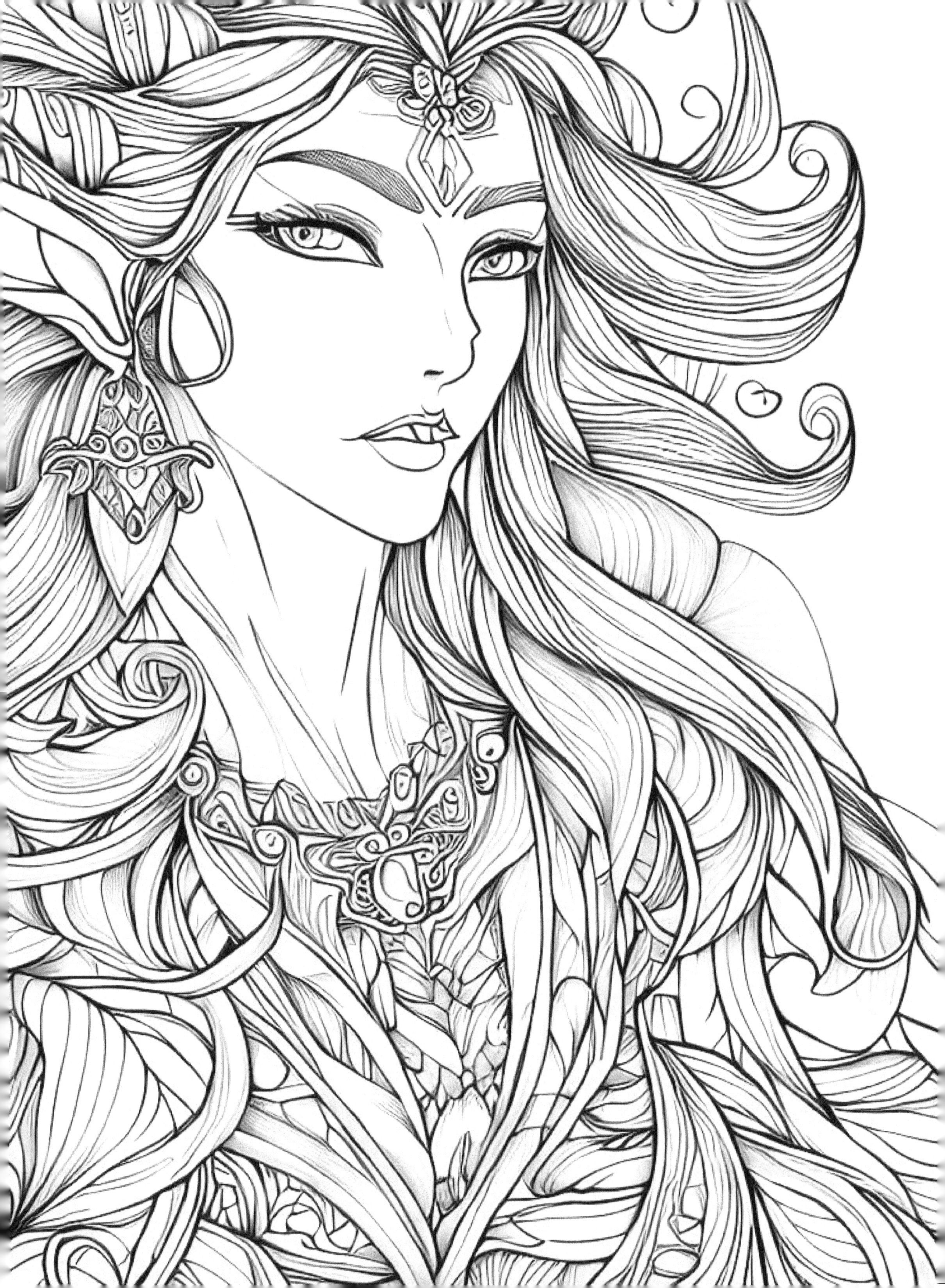

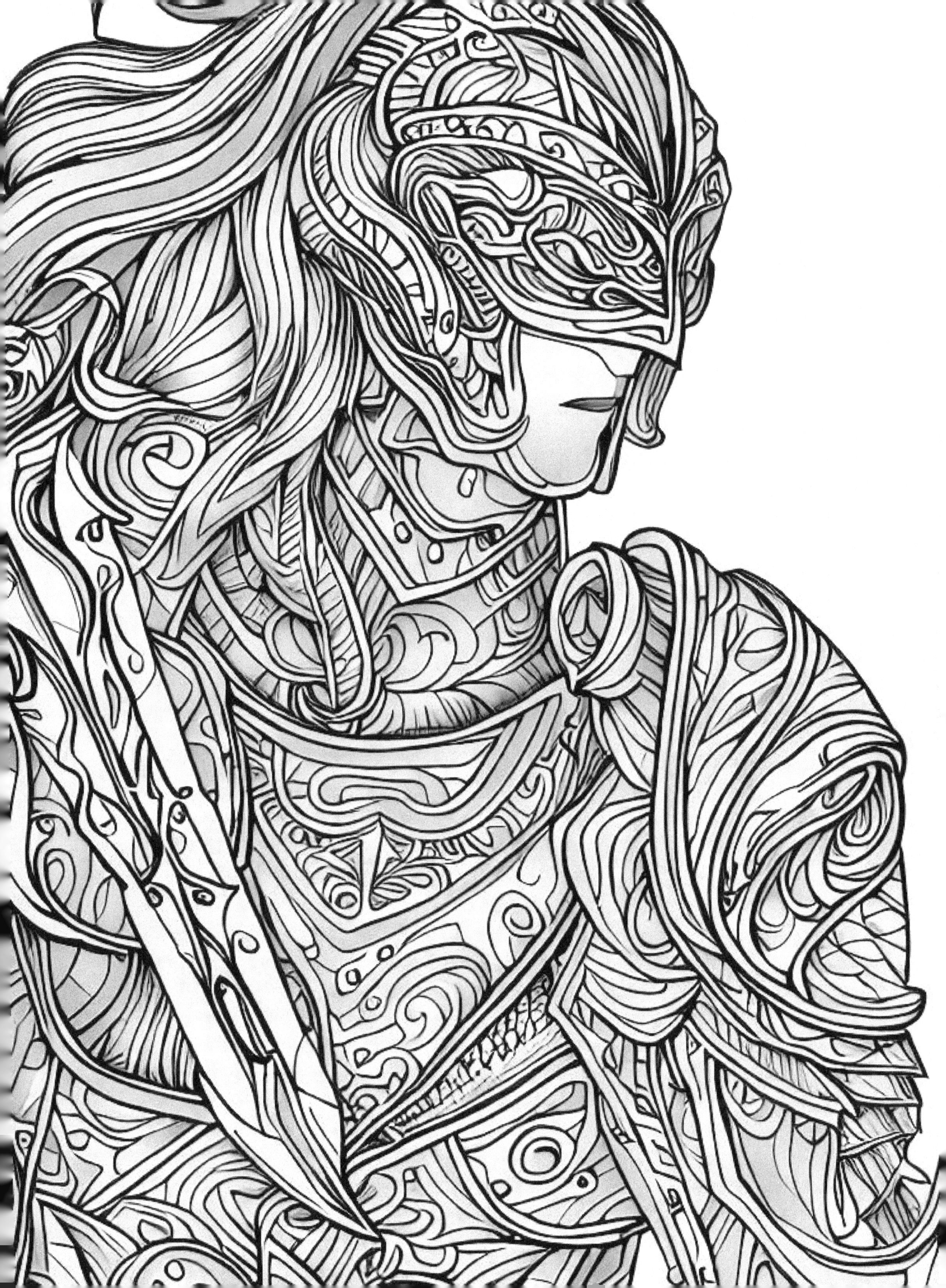

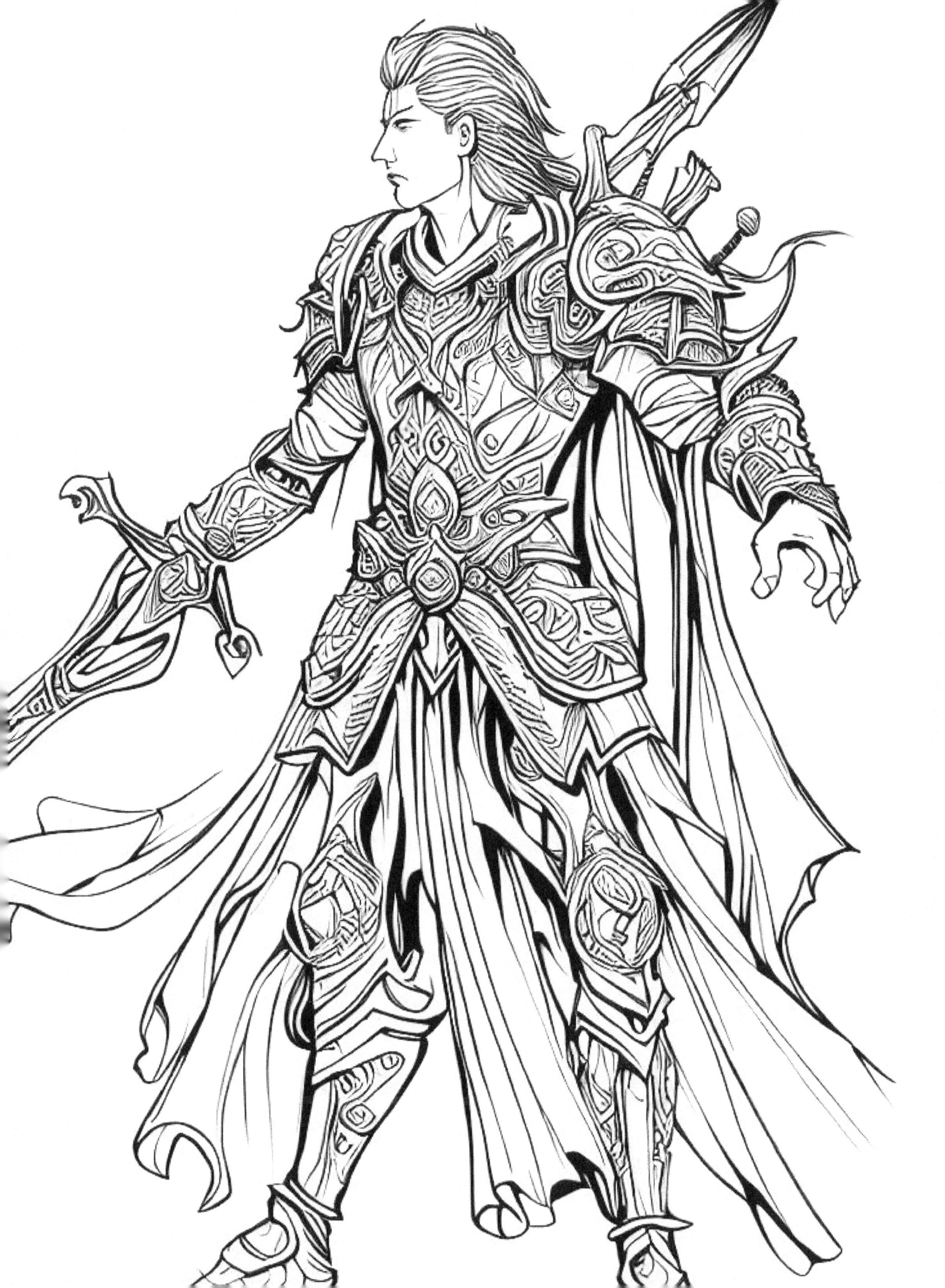

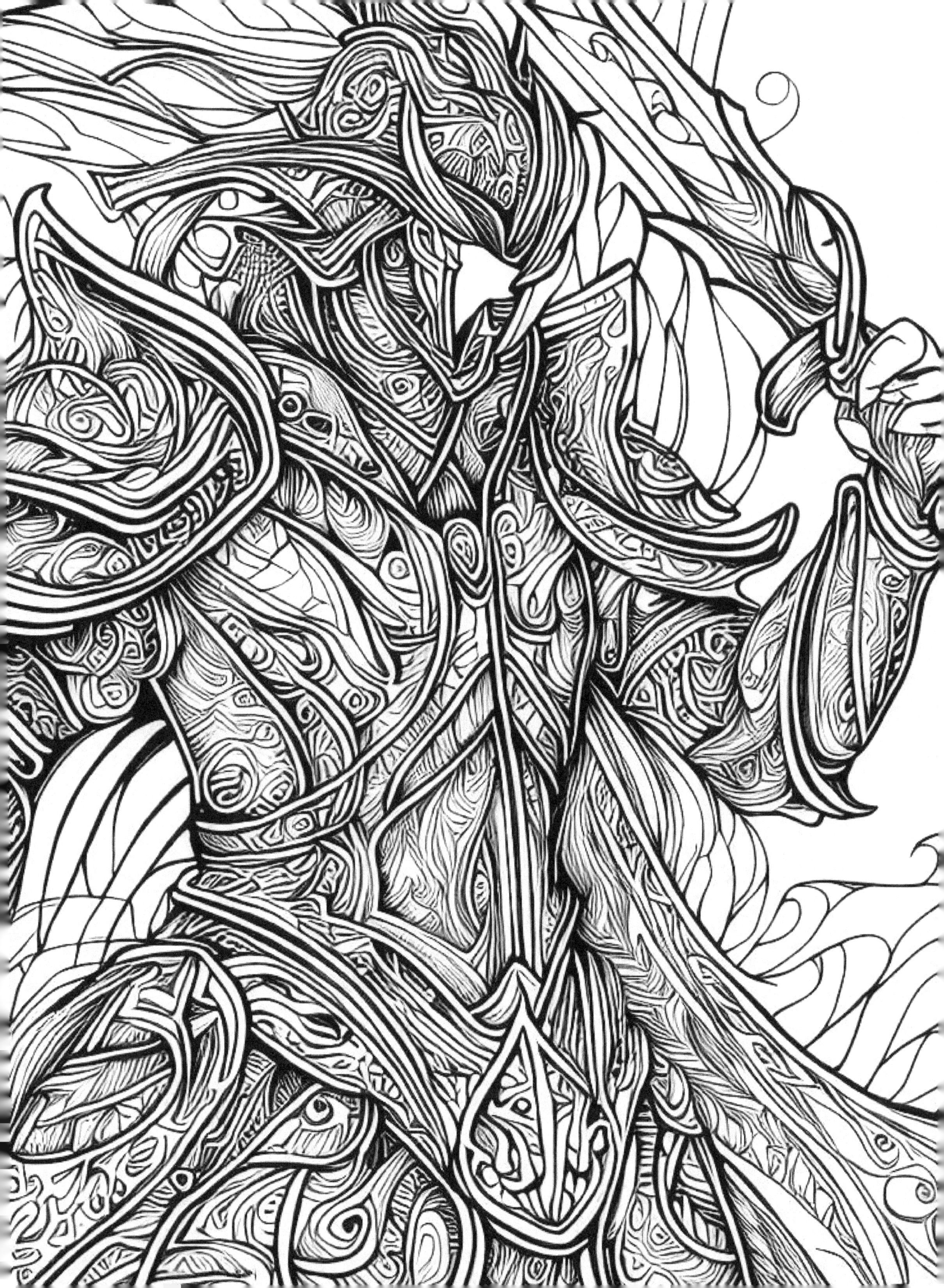

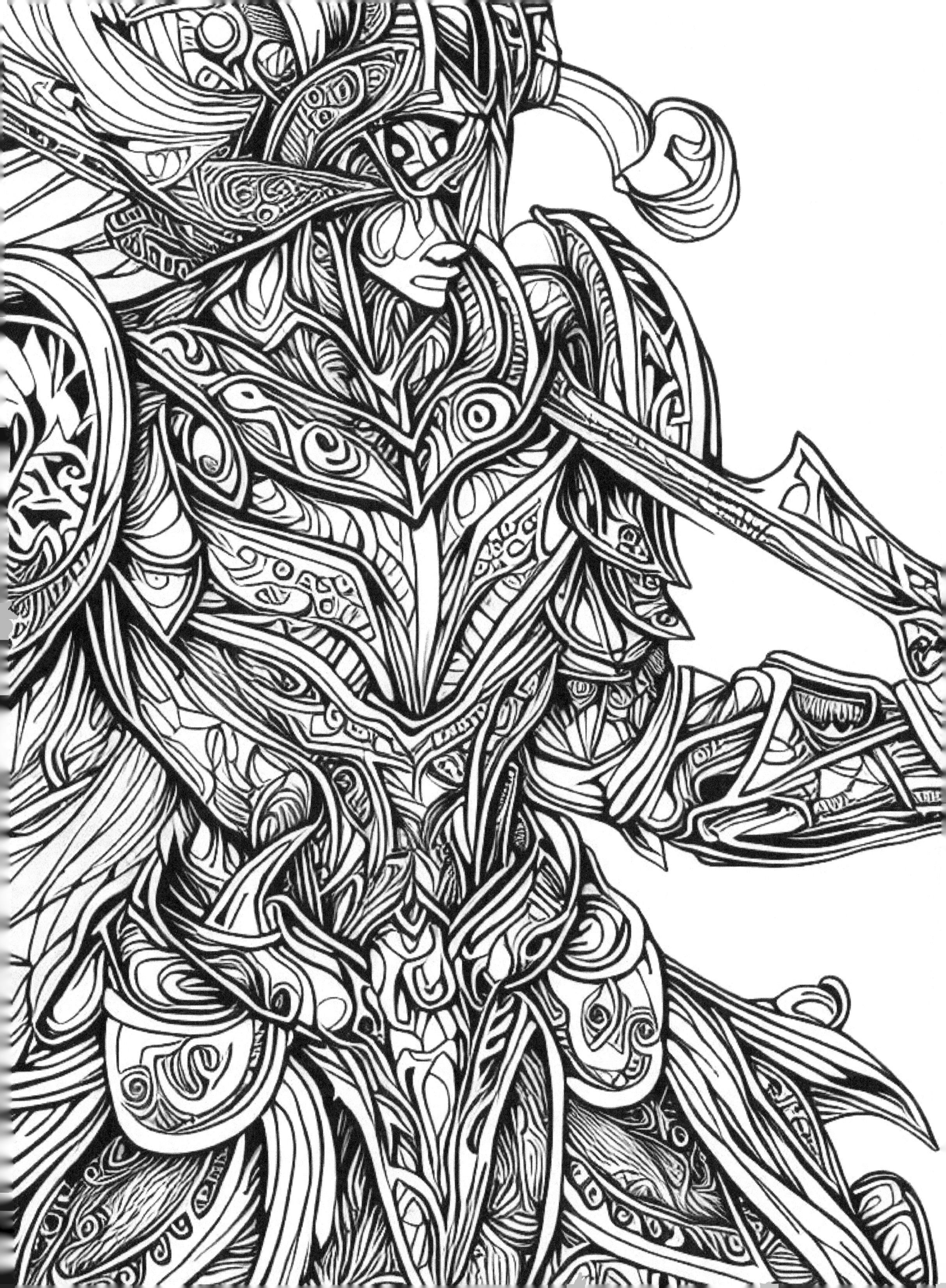

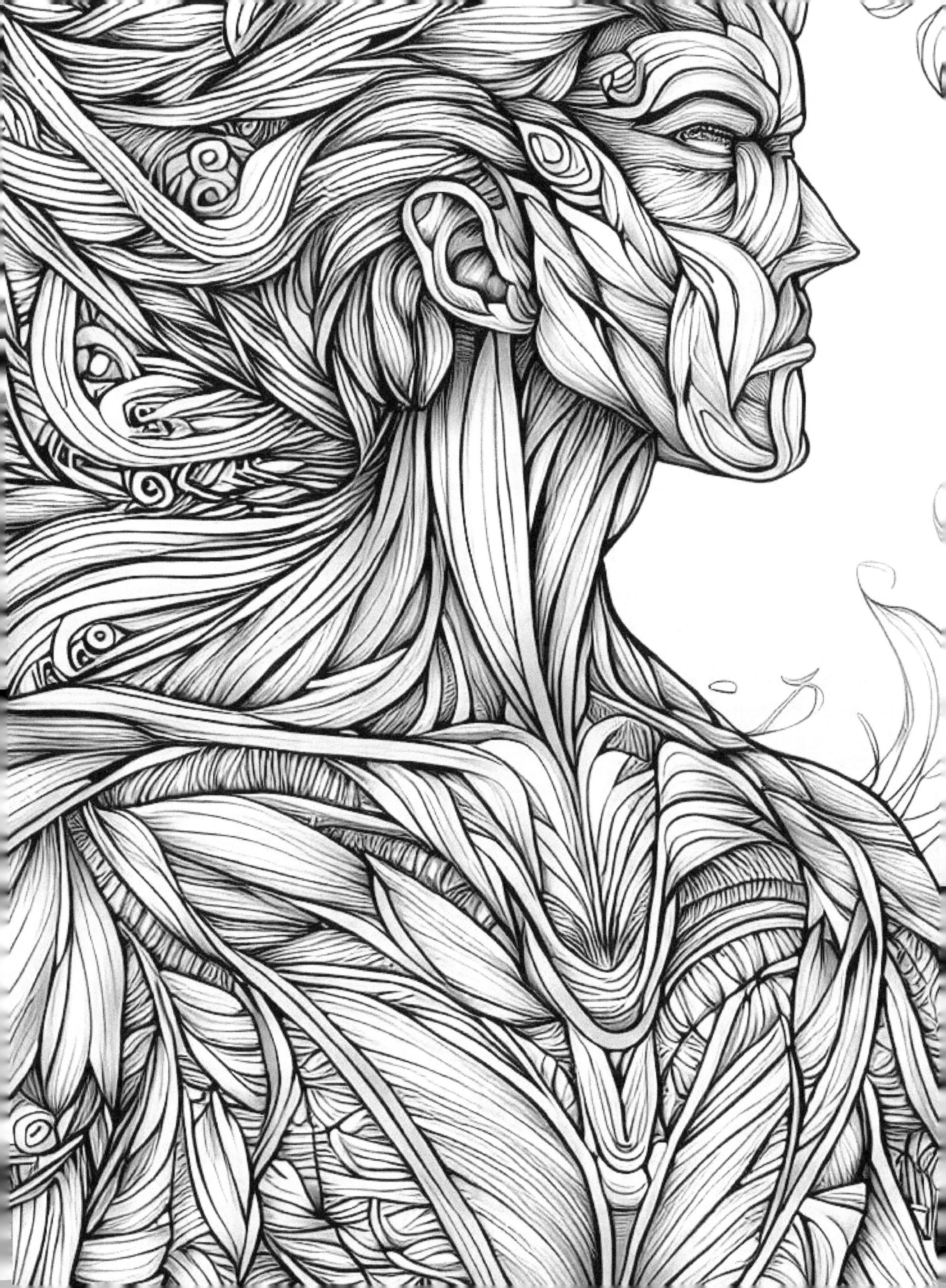

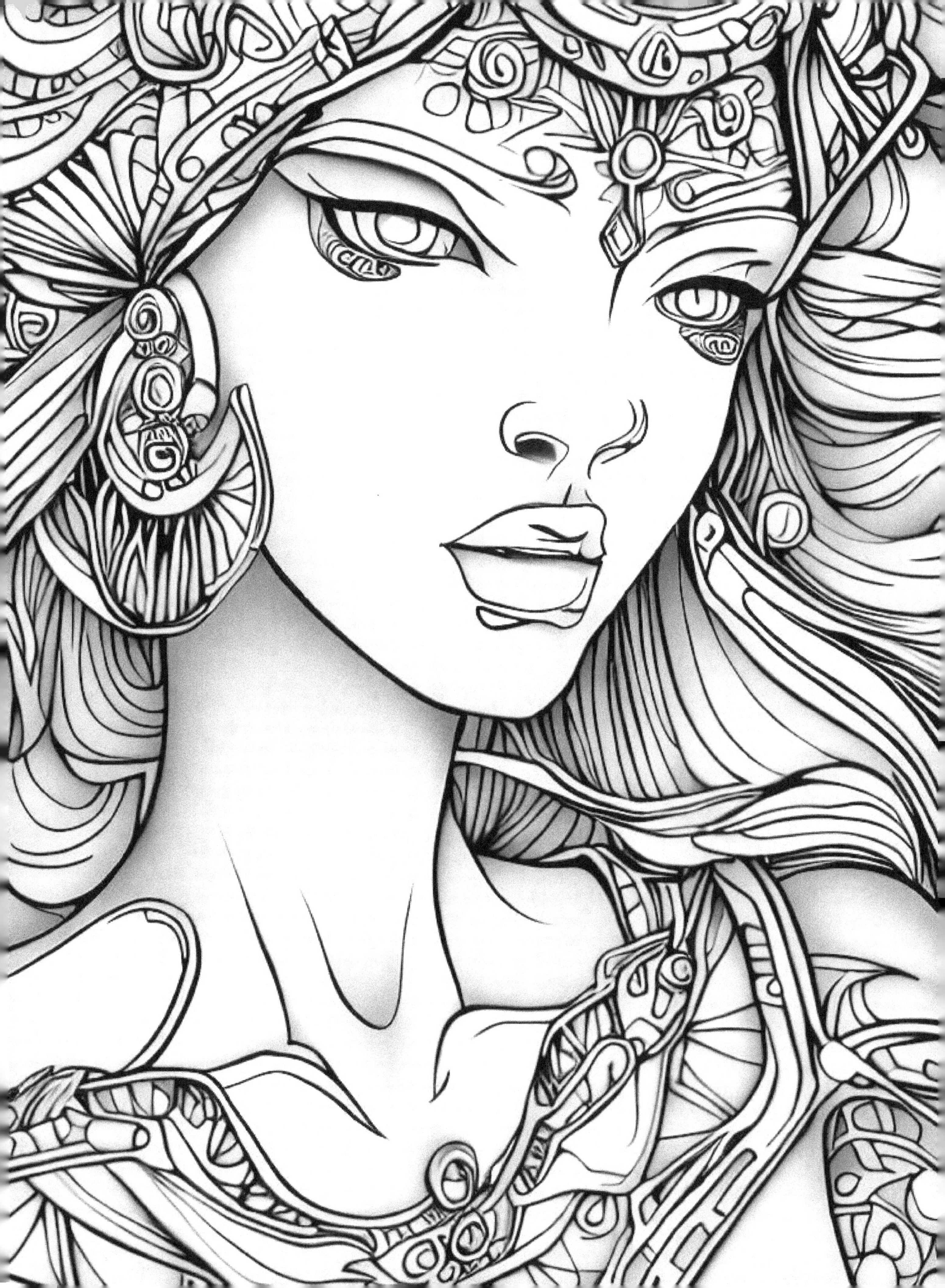

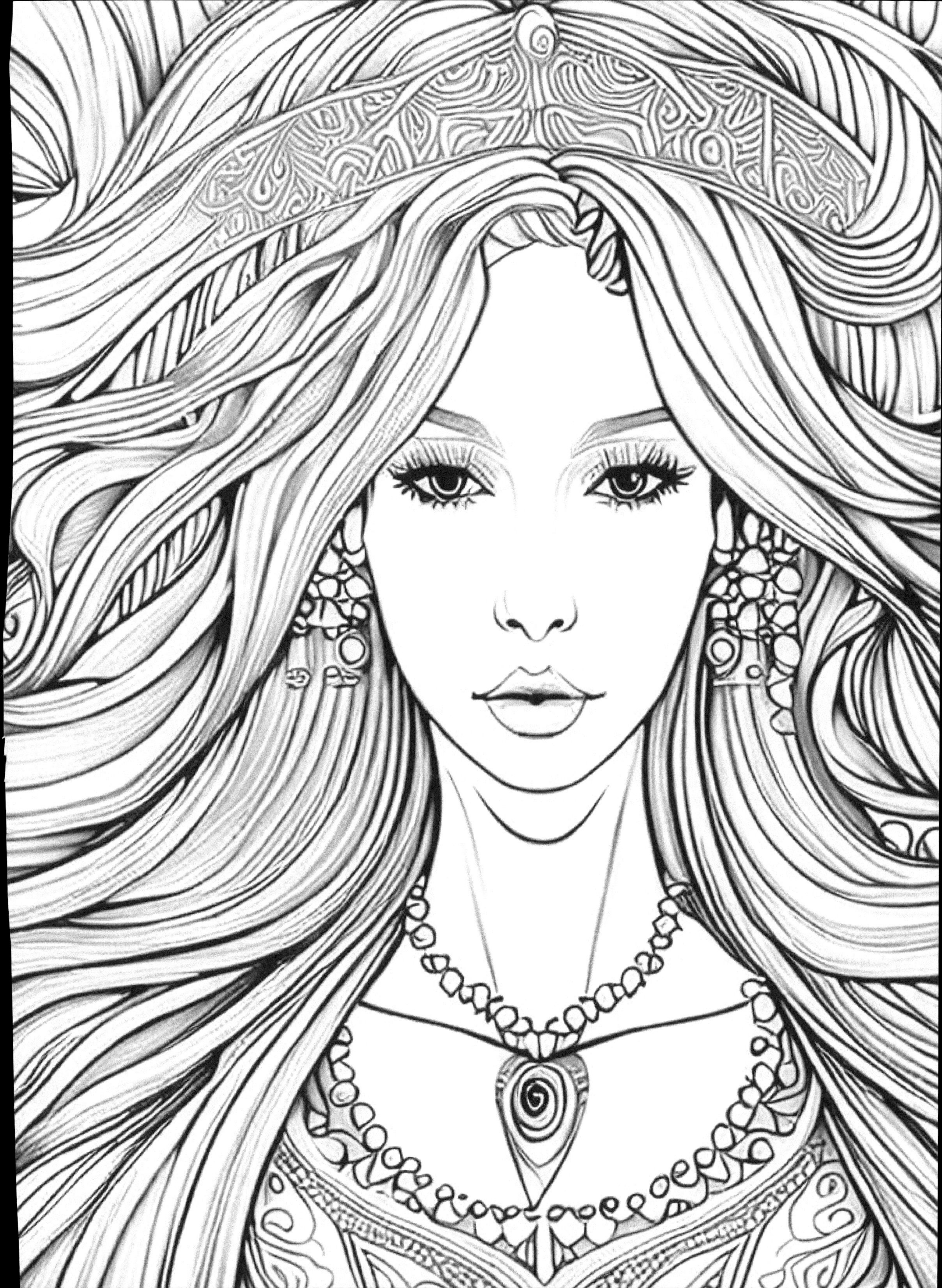

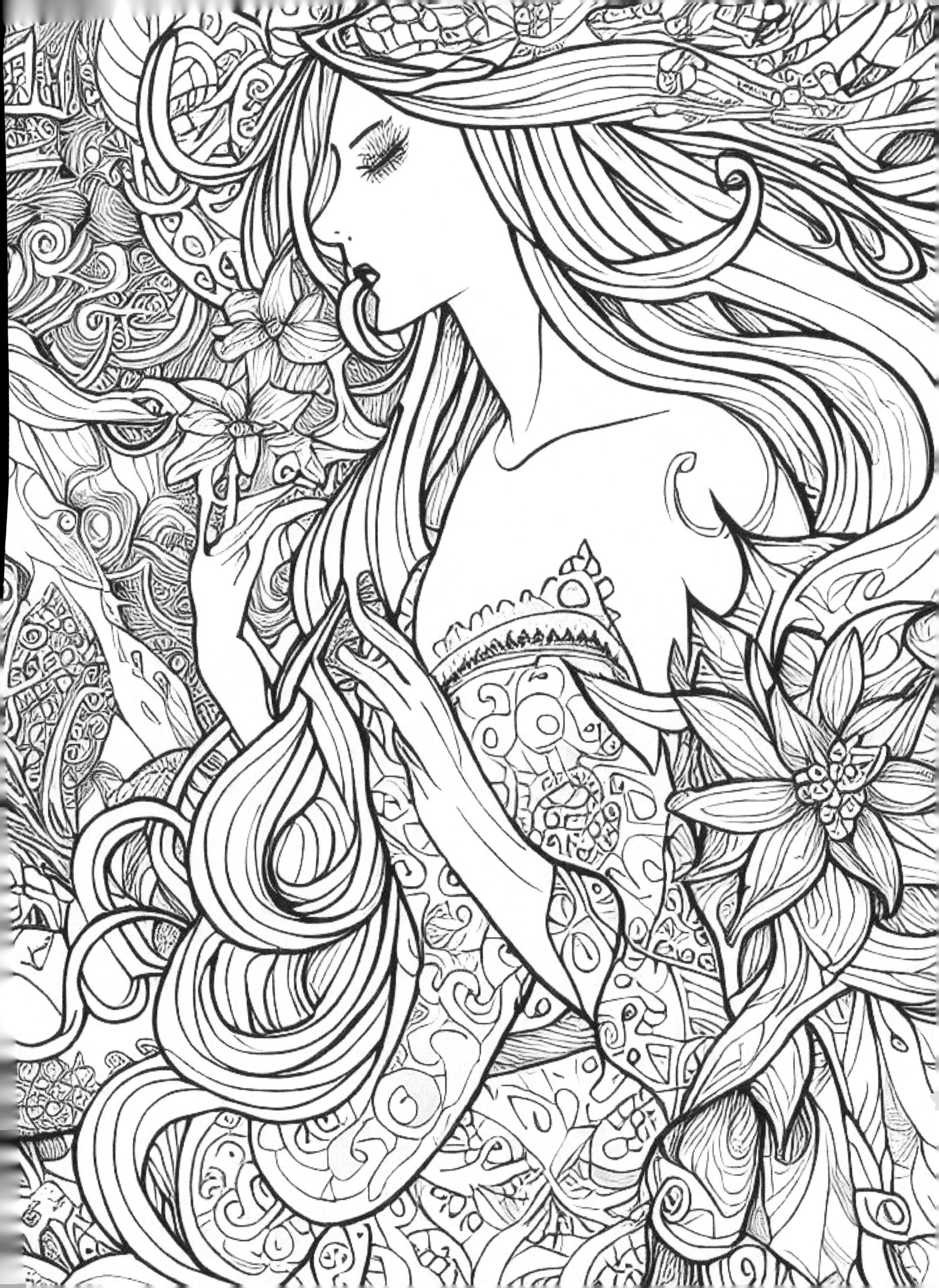

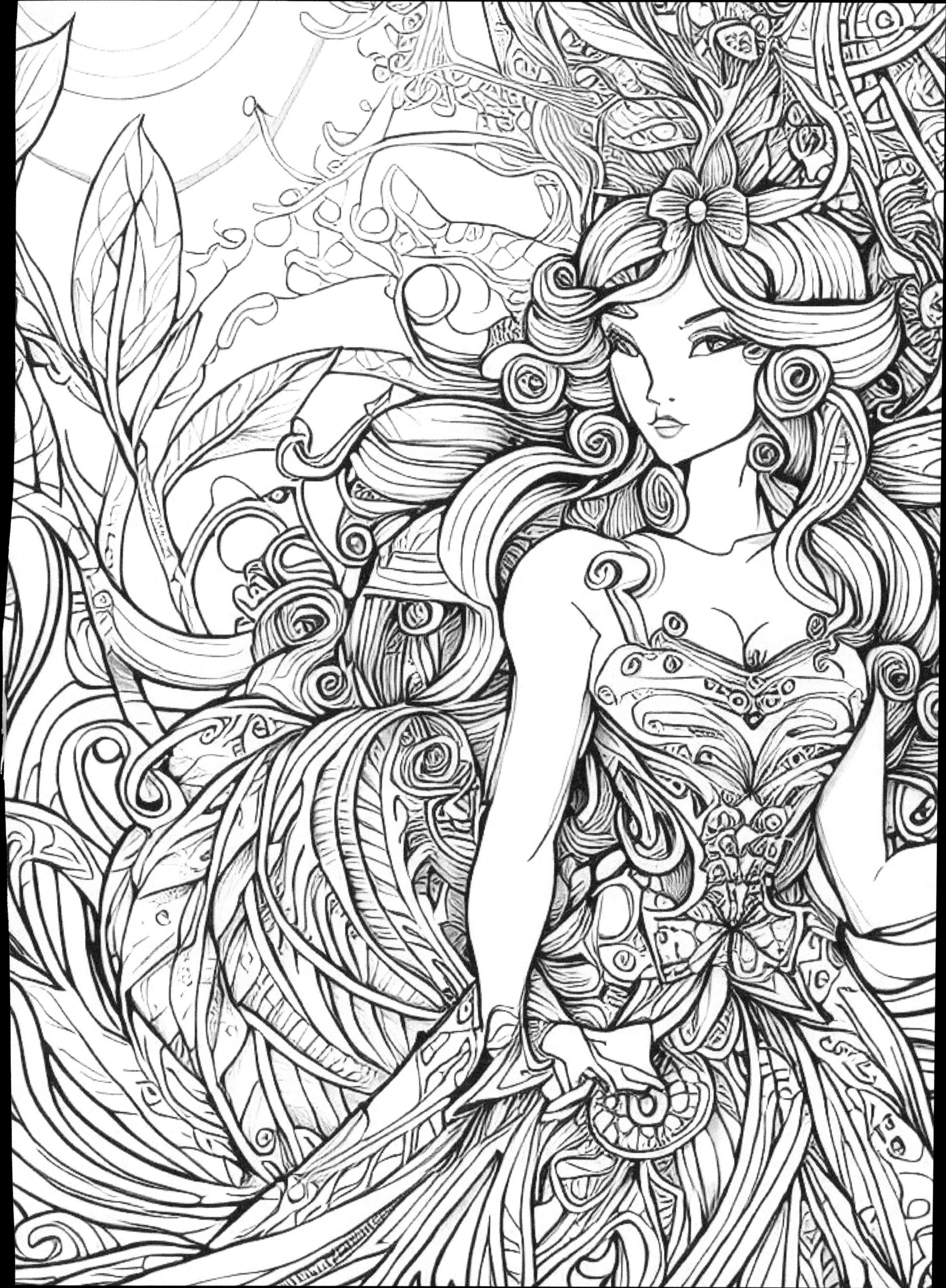

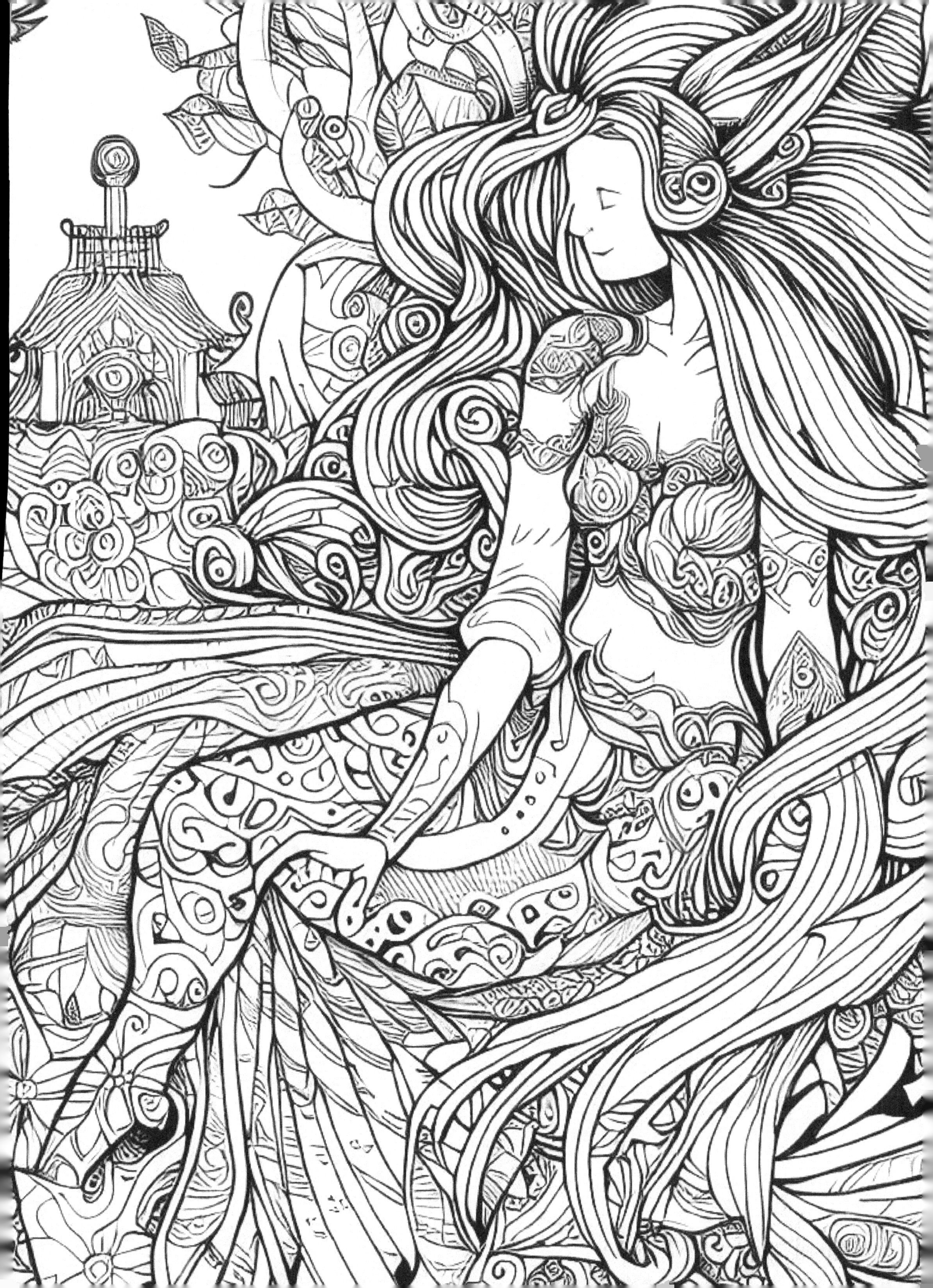

www.ingramcontent.com/pod-product-compliance
Lightning Source LLC
Chambersburg PA
CBHW080610220526
45466CB00010B/3307
* 9 7 9 8 3 9 6 3 8 8 6 9 7 *